靈性開悟

進程奧義手札

The Decoding

江慶淇◎著

目錄

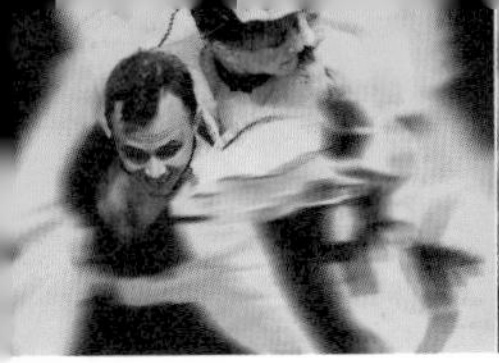
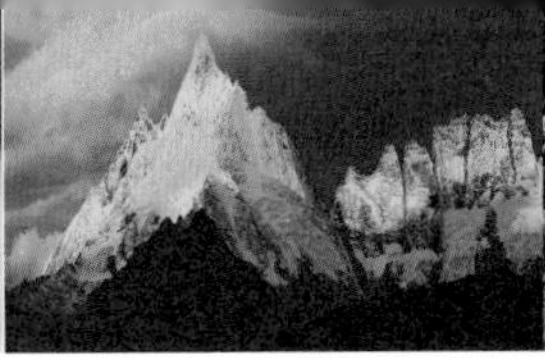

自序

一份真實的路徑

「靈性開悟」從亙古至今，就是我們人類發展進程中，最神聖、最崇高的議題，甚至可以說是人類最終靈性歸宿。

然而，雖有許多智者、聖者和開悟者，傳承了大量的典籍和經文，這個「議題」在今天依然被美國古老而最有聲望的《華盛頓郵報》，票選爲當今人類最奢華、最高不可攀、最不可用任何財物、地位和權利所取得的生命終極目標。

慶淇手著《靈性開悟進程奧義手

札》，就是以一位覺醒開悟者的親歷，毫無隱瞞眞實的說出這個深奧難懂的生命終極議題。讓它從天上走入人間，而且讓它有軌跡路線可供依循探索，不再神秘、不再隱藏而不可接近。

自有人類存在以來，人們沒有間斷的一直在尋求方法來與「天地神鬼」，也就是那看不見卻存在的力量進行溝通，企圖藉助那看不見的力量，爲自我家族部落或國家民族贏取最有利的面向。生命的利用，從原始求溫飽生存的狩獵行爲，到屯居農業或遊牧遷居社會，以至今天要求身、心、靈平衡而成熟的生命觀。的確，生命並非僅是單純的肉體呼吸和消亡。

相反的，身體只是被我們生命所借用，來完成它演化和學習，體驗和試煉的完美工具而已。我們確切的明白生命的背後，存在著神聖而巨大的力量，祂無所不在、無時不在、無處不在的統籌和掌控著萬物，而且依循一定的哲理無間斷的運行著。

人們透過各式各樣的卜噬工具和祈禱修煉術法，或創設各種宗教儀式或民間信仰或道派團體等等，冀望能眞實的「接近」和「回歸」萬物的造物主——本源，或稱呼爲「上帝」、「神」；企圖藉助各種膜拜方式、捐財行善交易方式、頌念經文、蓋神廟寺院方式，或聚眾練功修煉等等，枉費的錯誤方式，冀望回歸古老宗教所言的「天國」或「涅槃」。

慶淇有幸歷經生活演化和試煉體悟，年過半百後，受到本源力量指引指導，於生活中本然的覺醒開悟回歸造物主，獲取了生命裡的涅槃。

與此同時，自然的被賦予了「傳遞」和「傳承」、「傳播」的工作；也就是毫無條件的成爲本源的「信息者」，向廣大而有著積極信念的全體生命，傳遞造物主的宇宙哲理。另方面也藉以破除人類，因各種妄念產生的生存，和求道偏差思想和行爲。

冀望藉此「眞理之流」，大幅的縮短人們的靈性發展進程。手札中句句眞實、篇篇眞誠，只爲表達造物主「愛」的中心元素，和傳遞祂對人類靈性覺醒開悟進程的諫戒。

慶淇首先標立平凡裡的「生活」，才是我們藉以精進靈性獲取無上智慧的重中之重，揭示出生活的試煉裡，各種情緒和角色該如何對待？

生命中的苦痛何來何去？以及愛情的緣由何來？

更揭示出促使我們靈性生活發展，得以進階成熟最重要的二大面向——「臣服」和「恩典」；也道出傳統上被宗教信仰人士，有心或無意隱瞞的「眞相」。更細微的說出到底人們覺醒的障礙是什麼？也清晰的點出本源，在人類生命的空間裡，佈滿的相似，或足堪借鏡學習的事物（花兒、樹、鮭魚、蟬、毛毛蟲、蝸牛、種子、大山、大海、太陽……）在在的顯示祂對人類的體貼和寵愛。

生命之流如何產生？

何謂眞理之流？

如何面對？

什麼是與造物主約定的回歸密碼？

慶淇一篇篇的覺醒箴言，只要你願意細細的體悟，真實的去試煉，每個人都會有深層的收穫；尤其身處痛苦艱難處境的人們，無需恐懼擔憂，當「恩典」以較兇猛的面貌來臨時，那個艱難的處境，也是最能開啓我們的心靈思想，同時也會是自我成長和意識轉化的最佳契機。

這本以手札形式記錄寫出，有關靈性開悟覺醒的書，是慶淇在歷經沉靜而見純粹後，真實的搭上「生命之流」和「真理之流」，本然的抹去一切經歷和醫學博士的學識背景，「重生」回歸一位男人本然的角色（人子、人之兄弟姐妹、人夫、人父、人之友、人師、人之服務者……），感恩的從事最平凡而踏實的工作，真實的擔負「養家」照顧妻子小孩的責任，把生命裡超越全部的「愛」和「美」無條件獻給「家人」、「生活」和「工作」；以喜悅、感恩和愛，緊緊的包裹著生命裡的一切。

工作之餘經常性的抽出點滴時間，來寫感悟手札而完成。慶淇重生以來的工作是，台北捷運公司駐站保全員，每日工作十二小時，每月二十四天，至今已接近二年時間，工作過的捷運站分別是：永安站、景安站、行天宮站。

每日工作時，我的心靈一定以「愛」爲中心，完全向大約四~五萬名流動的旅客，敞開來作服務和協助，從未失去喜悅和謙卑的心靈態度。因爲，我之所在即爲「涅槃」、即爲「天國」。慶淇衷心的希望這本「手札」爲全體積極體悟學習邁向覺醒開悟的靈性成長者，起到如大海中的燈塔般，有著決定性的進程指引。最後慶淇要祝福所有人！

同時，也將會繼續「傳遞」更多來自造物者的眞理，也會在適當的時間做爲開悟導師，集合精進人士，招選弟子授業造物主的哲理；冀望透過我眞實通透的「傳遞」，產生出更多的覺醒開悟者。感謝造物主！祝福所有人！

感恩篇

謹以《靈性開悟進程奧義手札》一書，所受「本源」的恩典、榮耀和謙卑獻給「全家人」。

生命猶如一只燃燒的火把，歷經不間斷的燃燒自己，一邊照亮外在周遭，一邊溫暖內在自我。當燃燒殆盡時，所剩下的就是生命的核心本質。

慶淇也不例外，經歷過這些生命的進程，剩下的是核心本質和本然的自我。家庭就是生命火把的點燃者；首先，感恩我的父母親，春松先生和廖聘女士，是他們因爲「愛」而創造了我的物質生命；感恩父親、母親一生的守護、一生的寵愛。父親「春松」先生自幼家風嚴謹，受其父（我的爺爺）「清德」先生教誨，在日據殖民時代已受高等師範教育；一生勤儉持家、伺親至孝、兄友弟恭。一生奉獻教育、弟子三千、待生如子遠近景仰。父親，我們尊敬您，我們愛您！

母親「廖聘」女士秀外慧中、克盡孝道、夫唱婦隨；曾獲選地方「模範母

◀江慶淇（後排左二）國中時期全家福。

▲2015年12月江慶淇（前排右）和闊別40年的國中同學、同學母親，攝於草屯鎮屯園明雄家。

親」，兒女倍感實至名歸，母親，我們愛您！同時也讓我有了兄弟姐妹們的護持；大姐月惠、大姐夫昭男、大哥慶檣、大嫂小浮、二姐月照、三姐舜華、三姐夫增松和幼年因病離世的二位姐姐月花和月娟。

他們克盡角色職責，伴我成長共同守護著我，也帶給慶淇無限歡樂和回憶。尤其二姐月照和三姐舜華，就是「神」的使者，總在我最需要時適時援手，讓我能峰迴路轉柳岸花明，堅毅的選擇覺醒走上靈性的涅槃。

當然也依稀記得讀高中時，大姐月惠每日美味的便當，至今難忘。以及和大哥大嫂同住時所給予我的照顧。另外，在此也特別感謝月照自二〇〇四年以來，無怨無悔的付出，照顧著逐漸失憶失智的老母親，倍加委屈和辛苦，我們尊敬您二姐。生命中家裡人的角色，雖說各自扮演輕重不一，感謝他們充分發揮角色，促成慶淇不忘來到塵世的要務，一步步的走入靈性的覺醒，獲取生命的涅槃，感謝您們！感恩您們！祝福您們！

▲2014年江慶淇（左立者）與兄弟姊妹合影。

▲2014年江慶淇家族歡聚，為江母幸福慶生。

▲江慶淇（左）與好友許明雄合影。

▲江慶淇（右）的好兄弟邱性利。

◀江慶淇歡樂的全家福照。（左起兒子翊彰、太太飛娥、女兒禹彤）

接下來是屬於我自己的「愛情」世界，慶淇在此感謝和我相處過的所有情人伴侶，和現在伴隨身邊的妻子——飛娥，向妳們所有人致十二萬分的敬意和歉意，感謝一路上有妳們的陪伴，和讓我更深刻的認識「情愛」，感恩妳們的付出和陪伴。同時也感謝我的孩子們，昕蒨、胤鋒、禹彤和翊彰，感恩你們選擇慶淇來到塵世，爸爸愛你們，祝福你們永遠幸福快樂！

生命裡除了家人外，會有一些人對我們有著較大的啓發和影響，例如，老師、同學、同事、朋友等等；慶淇同樣也感謝他們出現在我生命的旅途中。在此，特別提出二位，一位是少年同學和玩伴——許明雄，許多成長過程深刻而樸實的記憶都和他有關，同時也是間接促使慶淇靈性發展的關鍵人，感謝你不負所託，出現在恰當的時空，做了恰當的事。祝福你！

另一位是——邱性利，多年來只見他爲人善良、勤懇工作、生活儉樸，總會在慶淇最需要時，毫不吝的給予支援和建議，這本書得以順利出版，也得自性利大哥默默的協助。這二位親如兄弟的好朋友，你們無形中幫助了慶淇，獲取生命中的涅槃，也協助傳遞造物主的眞理。感謝錦珠小姐的高度專業和無比用心付出，讓此書更加「靈性開悟」。我以本源之名祝福你們！祝福所有人！

祝福一切萬有！

▲禹彤、翊彰和二位姑姑歡喜合影。

▲純粹的愛、純粹的幸福。

悟得手札

悟得手札之一

最大的喜悅最大的希望和最大的感恩

人類生命的過程中，除了極少數幸運兒以外，絕大多數的人，或多或少總在「不順遂」中度過；一個又一個的來，壓力、憂傷、挫折、衝突、低潮，甚至災禍的產生。雖然步履闌珊，躊躇不前，怨天尤人……卻也能自處和走出。

但是，有一種「暗夜地獄」式的傷痛，卻經常把一個志得意滿，意氣風發，幸福美滿的人或家庭擊潰。如婚姻、工作事業、人事關係，碰上災難式的背叛，或突如其來恐怖性的災禍，摯愛無辜的犧牲或傷病。這種「暗夜」，的確讓人連哭泣的勇氣也喪失……

這時，神（造物者）說：悲傷無助的人們，不要忘記，每個人從母親懷

▲心田裡處處存感恩（攝影／江慶淇）

胎到出生，已經歷過世間最大的傷痛了，如不斷的憂慮、陣痛、窒息感、血肉模糊、瀕死、撕心裂肺的痛感；只爲了讓新生命的來臨……

我們每個人都是參與者，同時也是見證者，這個最大的傷痛！卻給我們和家人獲得了最大的喜悅和希望。從此，大家把這寶貴的經歷和本領，埋藏在心魂的深處，忘卻了。現在，正是你醒悟的時機，拿出「神」（造物主或稱本源）賦予我們的第一個，也是最棒的一個本領～「重生」。綻

▼生活中處處喜悅（攝影／顧益民）

開笑容，藉由祝福和祈禱，走出「暗夜」，把握本源利用最深的傷痛，給予我們推翻重來的契機。再次擁抱生命，重新賦予它最大的希望！最大的喜悅！而把最大的感恩，給慈悲的本源造物者。祝福所有人！祝福所有一切！

▼最大的希望（攝影／顧益民）

悟得手札之二

我們生活在幻覺中

二十世紀最偉大的科學家，物理學巨擘，同時也是愛因斯坦的老師，一九一八年諾貝爾物理學獎獲得者，量子理論之父，馬克斯．普朗克（Max Planck）博士，他感歎道：我對原子的研究最後的結論是，世界上根本沒有物質這種東西，物質是由快速振動的量子組成，他進一步剖析說：所有物質都是來源於，一股令原子運動和維繫緊密一體的力量，我們必須認定這個力量的背後，是意識和心智，心識是一切物質的基礎。

神（本源）說：你們的確生活在一個，你們自己聯手創造認定的幻覺中，那幻覺會顯得如此眞實，是因爲有很多人認爲它不是個幻覺，而且是因爲你是如此堅定的相信它。因此，要改變你看待幻覺的方式，就要先改變你對幻覺的

▲夢幻浮生（攝影／江慶淇）

▲生命在虛擬中演化著（攝影／江慶淇）

信念。「相信即可看見」，現在你們的量子科學也已經證實：構成物質的基本粒子，就是以「我的意識」來作爲建構實相的程序語言。

物質世界的一切，都是因爲被意識的選擇而顯化的臨時實相。你們的選擇，通常建立在別人多數的選擇上。你們和神是絕對的一體，而且從未分開，當下如此，未來也是如此。你們唯一需要「覺知」的是，憶起自己是神的小部分，因爲所有一切都是我——本源（造物者），所有的場域無不是我的源場，或者叫天網和無量之網。

讓你的一切足夠「靜」和「淨」，就能重新「合一」。這個「覺知」也就是現在正發生在全世界，而且遍及你們人類社會，它已經熱烈的展開了！當覺知者和接受教誨的人數增加到某個臨界值，我們將經驗到一種靈性的復甦和突破。這時，我們星球的轉化揚升便開始了！本源（造物者）永遠和我們同在。

▲人生就是一場大戲（攝影／顧益民）

悟得手札之三

不完美

人生僅僅是一個過程，或者說是一種體驗和演化。這個過程卻讓我們不斷的在追求所謂的「完美」。父母老師朋友們，總是激勵著我們向一種似乎無缺陷的境界努力。但是，大多數人卻是一直的受到「不完美」或者說失敗的打擊；難得覺得某件事的結果是比較完美的，但是其持續的時間卻是短暫的。

須知道，我們來自神（造物者），祂的境界沒有不完美，所有的存在皆屬完美。就好像，全世界只有一種花，外形顏色香味極爲完美，但卻只有一

▼杭州西湖斷橋之美（攝影／江慶淇）

種，別無他種。這時，我們渴求的就僅僅是「不完美」的其他花存在，必定能帶來surprise的喜悅和滿足。人生亦是如此，並非是來追求完美的，反而是要我們去創造和演繹「不完美」的存在，在這過程中讓我們享受到「獲得」surprise的喜悅和滿足。而不完美也僅僅是完美的一個面向。人們總認爲人生是苦海，生命是痛苦的，一直尋求「離苦得樂」的方法；慶淇悟得：人生的所有苦和痛並非單獨存在的，而是和喜樂同爲一體，它們都是喜樂的一種顯化的方式。而生命亦是如此，「死亡」並不眞正存在，僅僅是生命的一種顯化，它是生命的一部分，是生命的一種面向，有了死亡，生命才是完整的。我們因神（造物者）而來，帶著神的信息，我們也準備盛著滿滿的喜悅和愛回去故鄉；朋友們讓我們把握住極短暫的人生顯化，帶著感恩的心去體驗，那因爲有「不完美」而完美的過程，祝福所有人！

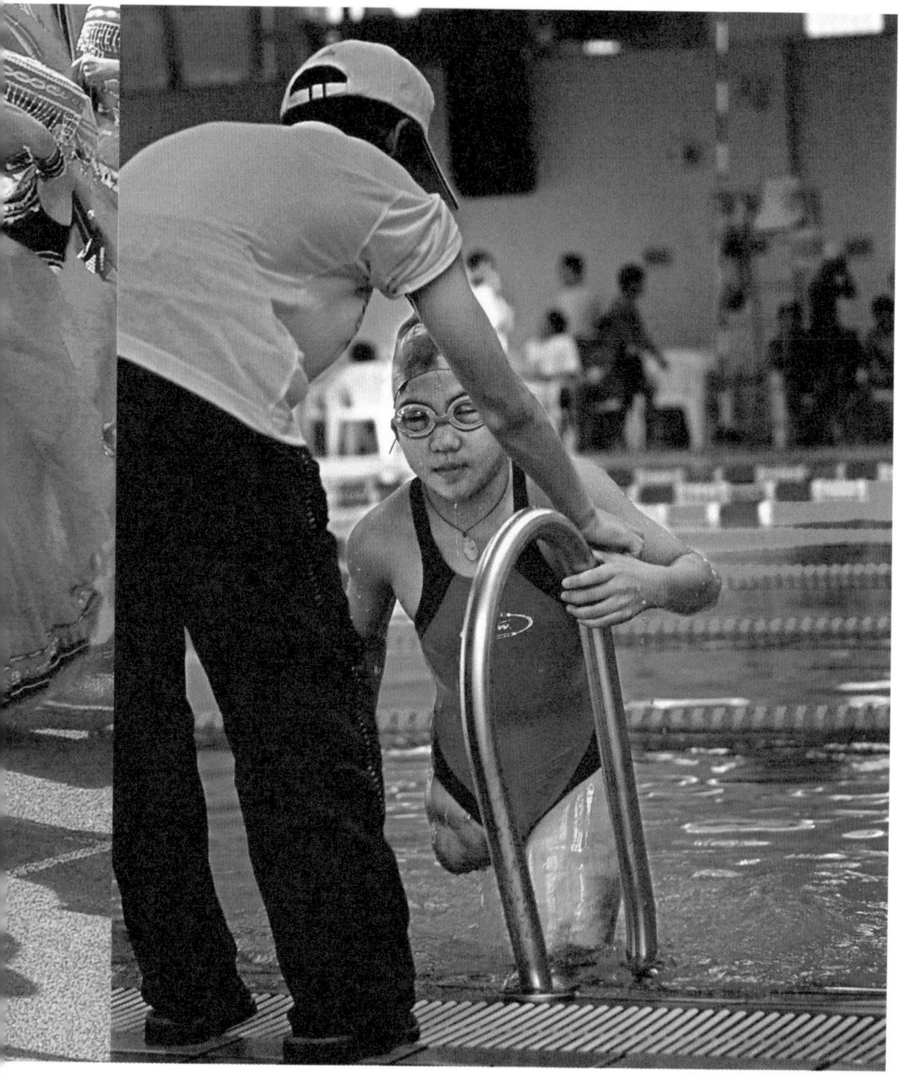

▲我是選手（攝影／江慶淇）

▲完美的體現（攝影／顧益民）

悟得手札之四

悟了之後（一）

古往今來，在眾多中外文學，傳奇傳記和智慧傳承的重要典籍中，我們或多或少都受到了「啓發」；肯定的認爲是可能存在某種看不見的力量，「監控」和「影響」著我們地球的一切。

然而，從人類文明發展的軌跡和殘片中，我們卻也明確的看到，所有輝煌的物質文明和世代英豪，沒有能逃脫「無常」和「幻滅」的命運；所能遺下傳承的，就僅僅是無形的智慧——意識思想創造和科學認知發明。

是的，現在時空正處在萬年來最重要的轉折點，我們必須徹底的承認，的的確確存在一種無形智慧的「超強大意識」……本源（造物者），掌控主導著有形物質和宇宙的一切！我在「悟得手札之二」也提到，當代物理科學的巨擘普朗克博士說到：「存在著某種偉大的意識心智力量主導著物質世界……。」

慶淇在年過五十齡以後，自我心靈意識逐漸自覺「沉靜」，經常可以感受到時光片段的「流動」，竟於二〇一五年初，自然的產生所謂的「通靈」現象，進而能感知其它存在體的意識。然而，我畢生並未參與任何宗教團體，或道派教會或學習任何功法，僅有的就是傳統的民間信仰和「愼終追遠」的儀禮，但卻也鮮有積極參與。

就這樣，我接受了「通靈」的事實，也進一步瞭解到所通的「靈」，是來自宇宙較高次元的智慧意識體（宇宙是由多重次元重疊存在），也包括了中外我們所熟知的上帝、悉達多、耶書亞、穆聖、無極老祖等神佛菩薩，和其它空間高智慧存在體。

經過大段時間和多位「啓迪」的高次元間溝通授業、答疑解難、自修覺悟、實習印證等，對「宇宙哲學」有了較深入的「獲得」。經過不斷的沉澱和洗練，漸次的放棄離析了「原來的自我」，找到「眞我」。重新順著所覺悟的「生命之流」擁抱生活和工作，抹去過去的學識經歷工作，抛下過往以追求「自我實現」和「名利」爲目標的人生價値觀，全心投入以實現「本然的愛」和「生命的必須」爲主的工作。

並在工作生活中反饋所體悟，也陸續在FB上分享發佈自己的「悟得手札」。這篇《悟了之後……》主要想和大家分享在我和本源（造物者）有著融合體驗之後，打從內在DNA顯化、到心靈意識、到外在行爲態度的自然轉化過程，本著「合一」的感悟，提供後進者一個方向選擇；由於篇幅較長，會分成多次來發佈（也就是手札之四～之七。）。在此，感謝所有一切，祝福所有一切！

一、渴望生活並擁抱生活

這是我的第一個感悟，從來沒有像現在這麼喜歡「過生活」的感覺，而且是過那種最最普通和最最平實的生活；眞眞實實的扮演你自己存在的角色。喜歡看到生活工作中周遭一切人、事、物不斷的轉換，重複和演化；神說：「我就是演化的過程」。的確，在生活裡，我看到了「神」，我看到了所有的演化過程和流動……喜怒哀樂愛惡欲、生老病死、酸甜苦辣、悲歡離合……一切都在各自表述著屬於他們自己的角色。

這時的你，應該已完全理解，一切物質實相，實際上是一個「幻覺」，是一個大空相，它隨著大多數人的意識選擇做短暫的臨時演繹，我們要「獲得」這寶貴的演化體驗，得將自己深入人類核心社會生活；然而，我們也要時刻覺知這一切都不是眞實的，僅是利用這幻覺完成我們的藍圖，演化我們的過程，成就我們的喜悅和滿足，或者「平衡」我們所受的制約力。

因爲，這幻境會「相信即可看見」更會「境隨心轉」。我們要做的是，學會和生活「相處」，深入的參與，然後「緊緊的擁抱它」；讓生活逐漸深入本質核心和角色扮演，自然雕蝕出我們生命的內在美；也唯有生活能讓我們眞實的接觸生命的核心本質。

「過生活」這件事情，本身便足以讓我們觸動生命的每個角落，它也會像指揮家一樣，指引我們去奏響生命的每個樂章；進而獲取屬於你的「覺醒」。如果，有人和這感悟是相反的，是離「生活」越來越遠的，是離群索居的，或是坐在洞中等開悟或是……我相信他只會離神（造物者）越來越遠，永遠無法覺醒開悟取得涅槃。祝福所有人，祝福一切！

▲一步一腳印走入生活（攝影／宋慧慈）

▲擁抱生活（攝影／蔣世承）

▲生活是實現愛的園地（攝影／汪慶淇）

▲森林中的能量精靈（攝影／江慶淇）

悟得手札之五

悟了之後（二）

二、人生沒有被賦予任何意義

哇！本源（造物者）竟然沒有給我們的人生，預先設定好許許多多各式各樣精彩絕倫，或莫名其妙，而且希望我們去完成的人生目標和意義。是的，不必懷疑。這就是我的第二個覺悟，是來自造物者極爲重要的「禮物」；當然，也是造物主因爲深愛我們，而做出的細膩體貼的恩典；讓我們有別於其它動物，生命不僅僅是生存和繁衍的目的。

從小時候開始，每個人經歷過林林總總，複雜和簡單的事物。我們總是或者經常是努力去找尋它代表的意義，有時我們自信滿滿，有時穿鑿附會和閉門造車杜撰瞎編，甚至，求助某些自稱「經驗豐富」的「假行家」。他們則企圖說服我們，聲稱是上天或神鬼的「徵兆」，讓我們聽從所解讀的「預言」去完成事物隱藏的意義。錯！錯！錯！造物者說：我這特別的禮物，就是不賦予你們人生任何意義，不設定任何框架和目標定義，讓人生就像是一幅邊界無限大，內容得以無窮豐盛的畫卷。是的，神藉由無意義的人生，而賦予我們完全權利和完全機會，去決定我們身邊所有事物事件

▼生命的意義由自己創造（攝影／江慶淇）

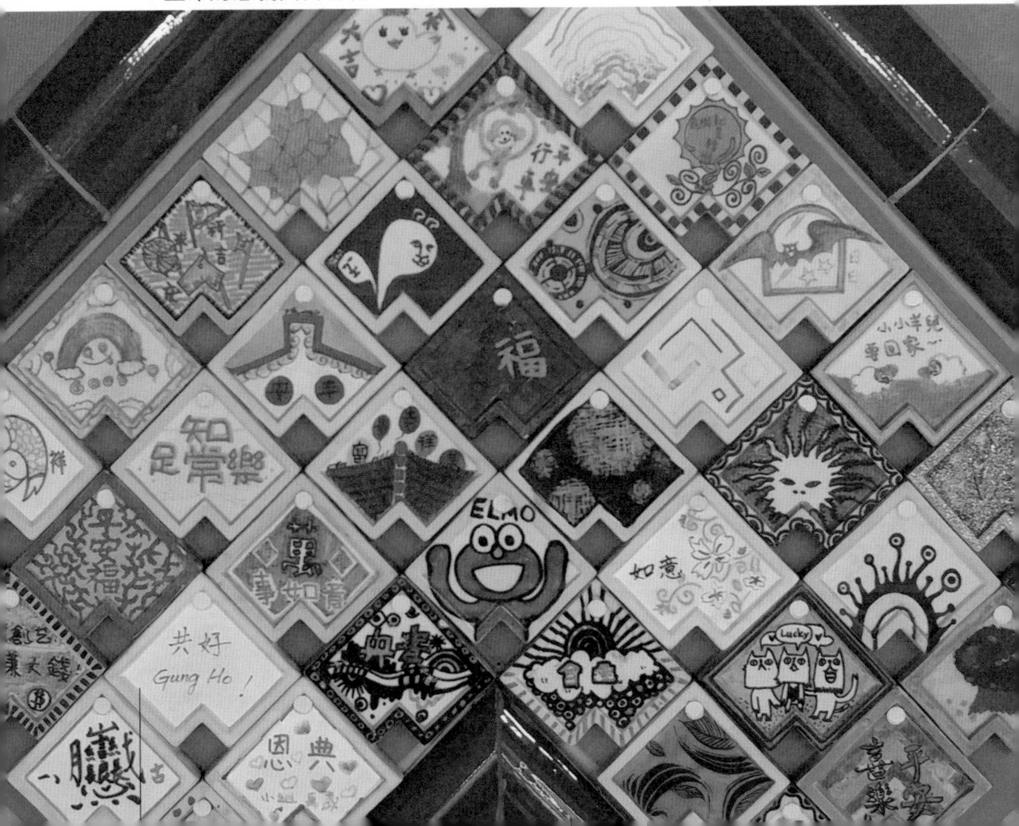

▲數聲柔櫓宛如人生起伏進退（攝影／江慶淇）

▲勇敢向前行（攝影／江慶淇）

的意義。神說：「人生絕不是尋找和發現的過程，而是創造演化的過程」。當我們帶著累世的「愛」，重新來到人間，自然就帶著恩寵……「自由意識」，要去創造、要去實現，去決定和定義自己與人生中，所有每件事物的意義。不是總在被動的問：「爲什麼事情會發生在我身上？」應該是自己主動的去選擇、去演繹和決定事物如何發生。

有了這個覺悟，讓我們感到人生如天堂般的光明通透，它是我的王國，在自己王國裡，我得以創造決定任何自己心中的藍圖，而不是努力遵從「別人」，所設定好的框架所畫好的線界。我得以利用周遭一切「幻覺」（參閱手札之二），善加「相處」，而不是被融進幻覺，去恰到好處的創造和演繹，屬於自己心靈意識中人生的意義。最後，我再強調一次，「你人生中的任何事物，都是無意義的，除非你給它意義」。我祝福所有人和所有事物！

▲幸福是生命的港灣（攝影／顧益民）

悟得手札之六

悟了之後（三）

三、「靈性成長」是交通身、心、靈，以到達「與造物者合一」的體悟，促使生命進化揚升的重要途徑。

所謂「靈性成長」，就是靈性復甦、靈性發展；與民間信仰和新興宗教所定義的「靈修、禪修、內觀」等有所不同。後者有著地域時代的蘊涵，然而，隨著我們對宇宙哲學的深入體悟，放在當下的場域，就會顯出其融適性的不足。靈修老師「宇色」說：屢屢出現「靈性危機」和「神通危機」……修行中出現難以解釋的神秘經驗與能力，卻無法將之整合，因而出現偏差的行為和情緒，造成嚴重的心理調適問題。

是的，這一節的重點是在「靈性成長」，這迷人又惱人的神秘議題。我個人自從與來自高次元高靈性智慧的「無極老祖」，學習宇宙哲學一直到與本源（造物者）合一體悟，就是一種特別的融適性靈性成長；在這篇文《悟了之後……》的前面二個章節裡，我想，有許多終生不放棄追求靈修或禪修的先進們，已大感困惑：爲何我的覺悟之後，並沒有提到他們所追求，所嚮往的「永恆極樂」，或進入「狂喜狀態」，或身懷「濟世神通」？

反而是：要更加貼近現實生活，去擁抱生活；我的走進生活，重點是分清楚眞實與幻覺，提醒你們不要被幻覺融進，你們是主角是、配角；時而是導演、時而是編劇；不管是啥角色，我們的目的是體驗「演化過程」，並不太在意其結果爲何。另一方面，也向大家強調：人生是毫無任何意義，所有意義還得自己去創造……沒有錯，這就是我覺悟的眞理，鮮活的來自本源（造物者）

的意識。

這第三節所談「靈性成長」可能也會讓大家困惑，我所體悟的「靈性發展」或「靈修」，絕非是：一、會靈，跑靈山。二、寫天文，呈疏文。三、煅身，訓體。四、……等等被公認的靈修修行主軸。

而是，以一、走進工作和生活爲主軸：二、研讀相關書籍爲輔助。三、每日靜坐冥想（四十分～九十分鐘）。此三個要素缺一不可，它們就是我修行的主要內容。我們分別來論述，一、還是和「生活」息息相關，最大的原因，就是我們原來就是以這套「肉身裝備」來到人間世上，當然不可能忽略它的用途功能，也不能忘記你來的目的和動機。是的，去主演吧！去眞實的演活了它！當主角、當配角、當路人，都可以是很好的「演譯」機會，好好的把握，絲絲入扣的體會這部由自己集編劇、導演、演員、道具……等等於一身的一場大戲。但是，千萬別忘記，你眞實的身份是忠實的「觀眾」，和盡職的「戲評家」和「體驗

▲虔誠投身信仰活動（攝影／顧益民）

◀最純粹的性靈充滿喜悅（攝影／江慶淇）

▶靈性成長是生命進程的必須（攝影／顧益民）

者」。

第二個要素，我要你每日或經常性的研讀相關書籍，反復的思考，從中獲取知識的智慧和能量。神告訴我：文字加上閱讀和思考研究，就會轉化成強大的意識能量。當然，遇到困惑不解的問題時，先擱置它，時間到了，就會自然解開的。第三件事，每日工作生活之餘，必定抽出四十~九十分鐘進行靜坐冥想，搭配合適的宗教音樂、古典音樂、瑜伽音樂、蟲鳴鳥叫聲、流水聲和海浪聲、或心靈音樂等。

但，靜坐時避免聽任何流行音樂。靜坐是爲了讓你可以因爲「靜」，進而達到「淨」和「敬」。如果，有一處非常渾濁的水潭或湖泊，我們只要讓它慢慢的沉靜下來，隨著時間的推移，它必定會「清淨見底」，因爲「靜」有過濾沉澱而讓「純粹」現出的作用。在我們雜亂的肉體思維，一也是相同的效果；當你足夠的靜、足夠的純粹，就能逐步逐步的接觸潛藏深處的眞正自我，也就是我們的「心靈意識」，是我們永生的記憶體，是我們與一切萬有連接交通的能量體，「他」來自本源（造物者）的創生，是神的部分，具備了所有的神性，而且是永生不滅。你現在所要做的，就僅是「憶起」那個你，曾經是、現在是、將來也是的真實的你。

堅持不懈，自信滿滿的去做吧！不必聽信任何「大師」的課程訓導，不必找遍深山密洞，更無需費盡苦心的會靈跑靈山和煅身訓體，當然也不必多花費你辛苦工作所得；只需要你的自信意識和持之以恆的心，以及平日正面能量，和正面情緒的送出和獲得；我保證，你將漸次進入覺醒的狀態，進化揚升之日來臨時，就是你滿懷喜悅的收割之日。祝福所有人！

悟得手札之七

悟了之後（四）

四、我讚美人生「精彩絕倫，珍貴無比」我感傷而惋惜人生「夏然短暫」。

這是我這篇文的最後一節，也是進入文章的精華所在。沒錯，我是一個眞正的開悟者，本源說：世上每一億人才有可能出現一個眞正的覺悟者。正因爲如此，我不能也不會有假話。回想，某日我在工作崗位連續工作了十個小時以後（我沒覺得太疲累），時間是十七點十五分，站立著，我感受到一種超乎尋常的異樣，清晰的感覺到突然有數秒鐘，全身像通了電和磁的美妙，心眼中出現往上升的亮光點和光束，心魂同時充滿了不可名狀的喜悅感。

That's all! 也許這就是傳說中的「極樂」和「狂喜」吧！但，就是留住那麼幾秒鐘，自動的沉靜消失了，只留下心底點點的悵然感。直覺告訴我：這不是「開悟」，這只是它的前奏——和本源（造物者），交通了心靈進而合一的感悟。直覺完全正確，又過了幾天（也許是七天），一樣是站立在工作崗位上，身心靈同時感受到一種特殊的「釋放感」，在那瞬間唯一的感知是，「完成了」，「自我消逝了」——開悟了……我已明白我是那眞正的誰？自我已恢復本然的狀態。在這之前，一輩子沒有在任何演說或書籍中，讀到或聽到有關開悟的情況和感受。但是，卻沒有任何的美妙、喜悅、極樂、狂喜的感覺；代之而來的是，淡淡的感傷，心魂中浮現的是，少年時期玩伴們那純眞的笑臉和時光一段段的凝結感；感傷來自戛然而短暫卻「生動逼眞」的人生。

是的，我用「生動逼眞」來形容，就是強調人生不是眞實的，它是幻覺，是一齣夢境裡的戲。數天前，一位美麗聰慧的朋友，偶然得知她也許因爲一段刻骨的感情而神傷不已，我趕忙寫了一篇超短文——《演戲》借以向她致意。嗯，沒錯，這篇超短文是用來提醒，這位聰慧又美麗的天使：認清楚人生完全是「幻相」是夢境，無論它是多麼刻骨銘心的劇情，目的是讓你深刻的體驗，你所編寫的這段過程演化，而它絕對是生動逼眞。但是，無論它是多麼逼眞，不可忘卻：你只是利用這幻境，演化體驗劇情的過程，不可被融入，也不能入戲太深，造成自己角色無法自拔。

應該是滿懷喜悅的來收割這段劇情體驗，整裝迎接下一段戲碼；若否，必定生生世世回來人間演同一段戲碼，毫無收穫，毫無進展。說到這裡，許多人會反駁說：怎麼可能？又不是在做夢，這肉體打了會痛呀！是的，它的確像做夢，在夢境中，我們會痛、會哭、會哈哈大笑、會高興、會淚流滿面、也會激情性愛……醒了才知道是一場夢，但那個感覺卻是深刻而眞實。人生也是一

▲殘陽水天色 天堂在人間（攝影／江慶淇）

▲醉陽滿天 情幽幽（攝影／江慶淇）

樣，是個現實版的夢境，重要的是，它可以讓你深思熟慮的策劃，也可以給你瞬間改變場景的自由，更可以讓你透過積累來實現「夢想」。

本源（造物者）說：人類是祂所創造的生命體中，最細微、最美麗、最完美的作品。人類有著優美的外表，有極其細膩的感官，有最複雜的情緒表達和反應，其細膩的程度經常無法用語言文字來表達。這一切一切的設計和配備，都是爲了讓我們可以更眞實、更精準的體察人生和感驗生活。但是，另一方面，你們要具備的覺知：所有的感官和情緒，都是透過大腦所認知的幻相，必須讓「眞實的你」以全然喜悅和角色享受的態度，來體驗這演化的過程。是的，就這麼棒！全部地球人類都正在「享用」，來自造物者（本源）的禮物和恩典。好的，現在如果有人自封××大師，××神佛轉世，××教主，××救世主……等等，訓導你們說：人生是苦海，必須要拋棄享樂，要吃素念經，要償還冤親債主，要訓體煆身，要呈疏文、要除魔、要禁慾、要閉關修神通、要

▶燦爛的美好總是短暫
（攝影／江慶淇）

▲短暫而激情的青春（攝影／江慶淇）

虔誠信奉某宗教某道派、要奉獻、要認捐錢財……等等假眞理、假名目，托言唯有如此做才可以解脫、才能得救、也才能悟道。

我明確的說：你必須去除所有宗教框架觀和道派組織信條，勇敢走出窗外，越過劃線，而且遠離這些人，他們只比你多了一項「謀生技能」而已，他們不如你，他們是「假悟者」。讓你離開神（造物者）越來越遠，也讓眞理眞相變成可望卻不可及。當然，追隨者也無人開悟而畢業離去。

是的，我是一個全然開悟者，我了悟了眞相：「人生在你的宇宙旅程中，就僅僅像是你性愛活動中的高潮部分；是那麼的精彩！那麼的迷人而令人振奮，它給了你全方位的感知，讓其它旅程相形失色。但是，它卻如此的戛然短暫！所以當你身處這精彩之中時，應該知道，必須像獲得至寶般的，去珍惜它、去呵護它、去體悟它，各個面向好好享擁它。」若否，人生稍縱即逝，瞬間煙消，獨留你悵然之感，而執意一直再回來做重複之事。佛法的基本思想，

▲勞動婦女之愛與美（攝影／洪同學）

說的是知苦與離苦，也許當年佛陀所看的世界，處在以生理需求爲主導的場域裡；現在，我所悟的則以心靈意識爲主導，只要改變當下思維意識，認清人生爲幻相的本質，瞬間即可悟得人生的精彩絕倫，所有的苦痛和喜樂是一體的不同面向而已，轉而去珍惜它，去擁抱它，去以感恩和喜悅的態度面對這寶貴的人生。離開時，帶著所有人對你的祝福，開啓你下階段宇宙的揚昇之旅。

最後，我再強調一次：眞正的你，永遠屬於神（造物者），是祂的一部分，是一切萬有，是無條件的愛，是永遠的生命，是永恆的現在進行式，是自我創造的演化過程。這個世界爲我們而創造的，是爲了讓我們可以在其中體驗「眞正的你是誰」的場域。我祝福所有人，祝福所有一切，我們過去是，現在是，未來也是全然一體的。

悟得手札之八

無我是真我

有道之人行事無窒礙，
不求自利，也不輕視自利之人。
他不會辛苦掙錢，
也不會把貧窮當成美德。
他獨立自主，不依賴他人，
也不會為自己的獨行感到驕傲。
他不追隨群眾，

▼放下面具幻覺現出真我（攝影／江慶淇）

也不抱怨那些加入群眾的人。
身份地位與獎賞無法吸引他，
惡名與羞辱也無法嚇阻他。
他並非一直在意對與錯，
而是一直在決定〔是〕與〔否〕。
因此，古人說：
有道之人始終默默無聞，
完善的美德無果，
「無我」是「眞我」，
至人無名。

——《莊子》
文：莊子（譯者：魯宓）（分享古代中國智者文章）

▲無我是真我（攝影／江慶淇）

▲驀然真我（攝影／顧益民）

▲古老的岩壁畫述說著生命的演化（攝影／蔣世承）

悟得手札之九

國際和平日祝禱文

我看到了！是祥和的彩虹。
你聽！是一羣雀躍的鴿子正譜著安魂曲。
是呀！我們都感受到了和諧的月光。
是人類共同的演化，是萬物的見證。
過去、現在、未來都是！
讓我們喜悅又蒙恩，
我們已在本源最巍峨的花園裡！

▲雀躍的鴿（攝影／蔣世承）

▲彩雲水天色映出巍峨花園（攝影／江慶淇）

悟得手札之十

真相一：綠洲和彩虹的外面是什麼？

水草、繁華、人煙。一個個長跪禱告的靈魂，一顆顆誦讀經文和唱著聖歌虔誠的心。

這是個分野線、是藩籬、是高牆。像是華夏民族阻絕外族的長城。哪裡？是我們生命渴求的天堂仙境？亦或是？深空中未知的恐懼？看！那藍色星球，

▲綠洲的外面是無垠的沙海（攝影／蔣世承）

▲深邃暗黑罩滿彩虹之外（攝影／顧益民）

▲一個個虔誠的靈魂（攝影／江慶淇）

▲我們早已身處綠洲的天國（攝影／江慶淇）

似是誘人的綠洲，似是無垠深空裡美麗的明珠。是承載著磨煉七情，揮灑六欲的場域。

看！彩虹像鵲橋般被高聳的搭起來了，似是述說著，人類一切希望在天河。

聽！「上師」、「高僧」正對著「消費者」說：彩虹之外面有蓬萊和天堂。瞧！「覺悟者」正推銷著：綠洲之外面有極樂和狂喜。一切都是謊言……是深邃的無垠，是虛空的暗黑。是藍色星球漂浮在上邊。

彩虹的外面：電閃雷鳴，狂風驟雨。綠洲的外面：赤焰流沙，無盡塵暴。沙漠響尾蛇和小白兔沒了善惡的天平。鮮明的彩虹也失去了顏色的斑斕。

驚！藍色星球竟是「神」指定的伊甸園。是遊魂輪迴的港灣，是獨一的恩典。眞相是什麼……

虛空和暗黑，從未離開。無垠和邃洞，從未避讓。因爲它們是「神」的最大面向。

求道須知：追尋開悟後的天堂是幻影，也許過程的投入，才是你們極樂的源泉。

醒悟吧！別再沉睡！只因爲這彩虹才是你們眞正的美麗。只因爲這綠洲才是你們旅途中，最精彩的繁華。

開悟者不會和欺瞞蒙混站在一起，但是，也不會因此鄙視他們。開悟者的腰桿，像那沒被渴求也屹立的燈塔。哪怕沒被索取，也會指著正確方向的光束……

悟得手札之十一

愛情的真相

清晨，眼見許多男男女女，爲情神傷，爲愛而「傷筋動骨」；也聞許許多多的家庭怨偶，又在昨夜因故失眠哭泣；當然，也有眾多神仙眷侶纏綿浪漫的渡過長夜。

異性間或者外表相同的同性間，彼此的相互吸引，是來源於DNA的被設定；而DNA內所儲存信息和解碼光子，則來源於源場（天網），也就是說：本源（造物者）透過無處不在，無時不在的源場（天網），在「恰當」的時間和空間（整個太陽系大約以每時七萬公里繞行銀河中心），輸送「恰當」的信息，儲存於DNA中，再於「恰當」的時機解碼、顯化，形塑我們「恰當」的內在和外在，而形成屬於你自己特有的那份「如其所是」。這當中，還包含有一項重要的「約制」力量，佛教稱它爲「業」，也類似所謂的「因果」。是的，打從你第一世來到這人間，從生到死亡，所發生所接觸的一切人、事、物。在宇宙哲學裡，有一「制約」和「平衡」的系統，自動的記錄並顯化執行於你的每一世；要注意，這其中「造物者」並沒有去區分善與惡，好與壞。因爲神是「合一」的，所有的不完美總合才是完美的，神（造物者）借由所有不完美的演化過程，來體驗眞正的完美。

回來說我們的「愛情」；當我們每一個靈魂被創生時，雖無分陰陽，但卻是大部分「成雙成對」；也就是說，是二個二個一起同時被創生的。這二個成雙的靈魂，我們稱呼爲「雙生靈魂」或「靈魂伴侶」。他們彼此具有強大的吸引力、纏繞力、相融性和撫慰性。但是，打從我們投胎到人間世界，靈魂伴侶即被打散而分離，借以體驗過程。所以，尋覓邂逅自己的「靈魂伴侶」也就成

▲生死相依偎
（攝影／顧益民）

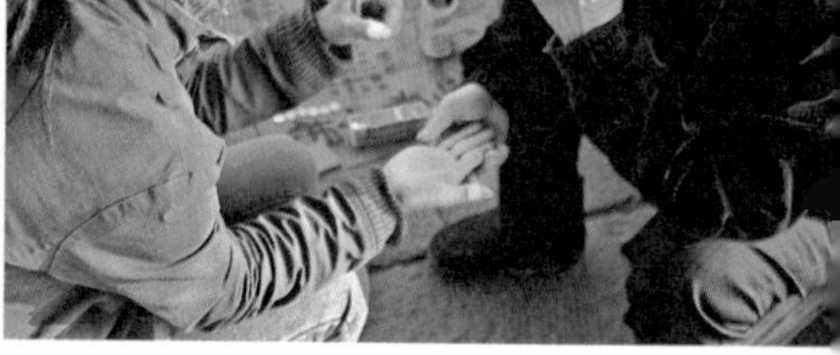

▲青春對美好愛情的憧憬
（攝影／江慶淇）

▲悸動美麗的愛情——西湖斷橋是白娘子和許仙邂逅之處（攝影／江慶淇）

為你們生生世世的「重要課題」。這就是為什麼，每個人對伴侶的感覺和要求，總有一份說不出的「秘密經驗」。另一方面，同時你卻世世代代（每人平均在人間輪迴轉世八〇〇～一五〇〇世）在你每一世，不斷的去製造、去創造你未來必須去「平衡」的「制約」（業），也就是你必須要彌平的「因果」。直到你們找到靈魂伴侶時，那份滿足感和無缺感，才有可能讓你們停下前進的腳步。所以，任何的愛情，不如意的，不美滿的或終生單身或出家的，僅僅是你過去留下的「制約」，或是你現在新創造出的「業」，或者你正在做的是「平衡」的動作罷了。因此，如若因故和現在的伴侶分離了，大可不必哀怨神傷或痛不欲生，相反的，要感到慶幸，因為對方不是你的「靈魂伴侶」，趕緊收拾好心中的行囊，繼續向前走；否則，徒然製造出會在未來對自己和對方，產生更多更大「制約」的新業力。千萬不要浪費時間，努力去燒煮、去料理一份不是你愛吃的「菜」。

另一方面，當你遇見了自己的「雙生靈魂」時，會像是嘗到了一份你生平最愛最喜歡的「菜」，口感是那麼的好，那麼契合、那麼包容、那麼深情、那麼慈悲、那麼喜悅、那麼的幸福感！而且彼此都願意為對方無條件的做任何事。你們也將永遠廝守，甚至，共同面對「制約」，共同去「平衡」你們所必須彌平的「業」，直到完成爲止。這就是自然存在的「宇宙哲學」。

最後，我祝福所有人，應該以「喜悅」、「感謝」、「愛」的眞理，去對待你所遇到的每一個戀人。如此，對你的約制力將會大大減少，也會相對容易的尋獲你們的「靈魂伴侶」，祝福所有一切萬有！

悟得手札之十二

覺醒之路荊棘佈，驀然真我合一悟（上）

當前的世界，正發生一個前所未有的現象：有爲數越來越多的人群，正在「覺醒」或一直努力不懈的追求著「覺醒」，有些人或已驚鴻一瞥的見到了「實相」。也就是說，人們正逐漸的對自我（小我）所熟悉「全然自我感」的世界，產生了「不知所是」的懷疑和困惑感，而且努力的試圖去尋找，有時驀然一瞥，有時夢裡迴蕩的「那個實相」。爲何會有這樣的趨勢？

有部分重要的原因是肇因於，地球世界已隨著它處在銀河系空間場域的不停歇運動而不斷移位。（整個太陽系一直以每小時約七萬公里的速度繞行銀河中心），來自本源（造物者）的自然力量也正源源不絕的透過天網（源場），加強「信息」給我們人類的DNA，藉以甦醒我們的「眞我」，引領人類進入一個前所未有的更廣闊更自由的場域——一種遠遠超乎我們已知的存在領域。它將會帶來一個千古以來求道者所追求的涅槃：覺醒開悟（enlightenment）。

覺醒開悟是什麼意義呢？我們可以從許多的資料中得知，許多人花費了大量的精力，財力和時間追隨尋覓上師，就是爲了尋求到達開悟的境界。通常指導老師第一個問題就是「什麼是覺醒開悟？」

我們發現大多數人的答案會是：

1. 我不是很確切清楚，只知道好像會讓我們生活更美好。
2. 可以得到永生和眞理和快樂。
3. 好像可以到達天堂或西方極樂世界，和上帝、耶穌、佛祖菩薩們在一起。
4. 可以和神合一，體驗狂喜和永遠的極樂……等等。

雖不盡相同似是而非，但又有趨向性的答案。在此，我依照我的體悟，

▲信仰意涵的偏差成為覺醒的滯礙（攝影／江慶淇）

提供一個較接近的含義：覺醒開悟是覺知到「眞我」，眞實的感知「我是誰？」——如其所是的合一。是的，這含義還眞讓人霧茫茫的。再進一步簡單的說：讓我們眞實的知道了，「我是誰？」——我是一切萬有，一切萬有也是我，過去是、現在是、未來也是。如果你還不是太明白，當代覺醒開悟的靈性老師 Adyashanti 說：開悟就是覺知一己存在的本然狀態。

當我們一語道破「它」，竟是如此的簡單明瞭，但，卻令古今中外數千年來許多的求道者，廢寢忘食前仆後繼的醉心於求得此「涅槃」，然而，眞正到達智慧彼岸的，卻屈指可數。在這些歲月裡，我們也清楚的知道，有許多來自宇宙較高次元的存在體，自願的以各種方式，或投胎或顯化或附靈或其它多種不同的方式，對我們地球人類的學習體驗場域，進行引領和指導，藉以協助本源（造物者）推動自然神聖計劃。在此，我們也藉這篇文章，懷著感謝和推崇的眞誠，對先輩們愛的付出，表達眞實的敬讚。

▲本源的微笑（攝影／江慶淇）

回來說我們的主題：覺醒之路爲什麼艱難？爲何佈滿荊棘？又爲什麼滿佈「陷阱」？以下，我就我的覺醒旅途，說說我眞實的感知，供給後進參考和引導之用。雖然求道之路，可以多如恆河沙數，但卻有其竅門和正確的方法。

一、修行的方式和方法意涵的偏差

提到修行或靈性成長，首先讓人聯想到的就是與宗教本質，和民間信仰核心有較大的關聯性。是的，這些無可否認的是經由先輩們，所傳承規範指導的框架修行，自有其很深的時代背景因素。

譬如：不停歇的朝代更迭紛亂戰爭和異族間的鬥爭，自然災害，知識閉塞不流通，重大流行病、盜匪、暴政……等等造成物質生活的匱乏，逐漸形成與宗教信仰有關聯的殿堂、廟宇、教堂、寺院、山頭道門等處所自然的變成人民的避難所，也唯有在這些處所，可以受到無名力量的護佑。藉此機會，使得有智有識或有緣之人士，避開了外界紛亂的生活環境，在這些處所裡修行，成就一些人，使獲得靈性覺醒，到達證果。

反觀之，當今社會的情況，完全有別於過往時代的景狀。靈性的發展，完全可以回歸到「軌道」裡。我說的「軌道」，就是以「生活」爲核心的靈性發展；神（造物者）賦予人類的一切：身體、父母、家庭、兄弟姐妹、感官情緒、疾病傷害、死亡、婚姻伴侶、小孩、智慧、朋友、各種角色關係，萬有陪伴物種，各種各樣關係……等等這一切。

已經清楚的說明「本源」的神聖計劃，就是讓我們以最眞實最眞誠的「生活」爲核心，去體驗學習一切生活萬有。也就是說：眞實的生活、完整的生活，就是我們靈性眞正接受考驗的場域。「它」會顯示給我們知道，還有哪裡是不清楚的？和人、事、物的關係，哪裡有嵌頓？而哪裡會經常讓我們陷入糾纏狀態？以及哪些事物容易使我們有情緒波動？

這一切，都是我們這個世界的目標核心所在。如果我們有足夠的眞誠，眞實的去體驗「它」，同時，自然的維持正面情緒的涵養，配合努力的「過生活」。並取代傳統著重外在形式上和意念上的修持方式。譬如：閉關修煉，祈禱誦經，拜神行願，吃素做瑜伽，練氣修脈輪，離家出家，追隨上師，修煉神通，跑靈山會靈，法會消業報，參加專業行善團……等等著重外在意念，但卻遠離生活，意圖藉此修行消除生活上所遇到的一切「難題」，並希冀能到達極樂天堂淨土。

「慶淇」藉著寫這篇文章的機會，以一個已覺醒開悟回歸本源者，不諱言的告訴所有人：這些總括是追求神秘意識體驗，和意圖降低內心的恐懼或罪疚感而已，永遠無法引領你走向眞實的「覺醒」，也就是了悟一切的眞相，覺知「眞我」。本源創造了「生命」，就是讓我們得以藉著「生活」來學習圓融「生命」，體驗所有圓融的過程演化，而得到寶貴的「智慧」，最終回歸「眞我」。

▲光明乍現永不停歇（攝影／江慶淇）

在我覺醒的旅途中，清楚的覺知每日用眞誠所過的生活，就是我的「上師」。它像一面最清晰的鏡子般，處處讓我看見自我（小我）的消長，也讓我體驗到如何消融小我。當我細細品味眞實的生活時，它會非常自然的呈現出本源（造物者）的多種不同面向。有時候是奇妙的恩典，美好的恩典，而有時候是「兇猛」的恩典例如：疾病、失業、破產、衝突、意外傷害、離婚、失去摯愛之人、志氣消沉等等。另一方面，我也經常會發現，生活會將「眞理」顯示予我們，把我們「喚醒」。

相反的，熱衷追求靈性成長，渴望覺醒的人們，一方面無法消融小我對其自我的引誘或攻擊，經常不知不覺下，著重外在表征名利的富麗堂皇，或財物的條件交換式，期望能逃脫生活上痛苦的處境，或換取未來的幸福美好或塡平內心對未知未來的恐懼。經驗告訴我：我們可能藉由美妙的時刻，產生意識靈性的躍進，但是，我會說，一種最大的躍升，卻會出現在艱難的時刻，出現在你將痛苦眞實的消融（接受而消化）之後。

在我和本源（造物者）相處的日子裡，眞實的體悟和瞭解到：祂經常喜歡利用我們生活的艱難處境（包括重大的疾病傷害），來完成祂自己的覺醒，也就是藉以體驗出完美的演化過程。（如我前面寫的悟得手札，「神」就是所有的演化過程，是愛，是生命，是所有的不完美……）

▲時光似夢幻的流動（攝影／顧益民）

因此，「生活」是我們人類體驗學習的重中之重，也是我們賴以靈性發展覺醒的必經之路。看似佈滿「荊棘」的道路，卻是通往本源（造物者）巍峨花園的捷徑。朋友們，我們不但要承認，更需要去接受：生活中最大的苦難和創痛是神「兇猛恩典」的一種形式。如果我們用「接受」和「消融」的方式迎接它們，那我保證，它們將會是促使你覺醒的最強力量和最重要的元素。我祝福你們！

悟得手札之十三

居福地（一）

寫文，看文之前，請所有朋友合十祝禱「感恩造物者（本源），給予我們臺灣人居住在眞實的天堂——台灣寶島」。

我說過：宇宙裡沒有任何一件事物是巧合。是的，所有的事物皆來自源場的力量和意識選擇，所顯化創造和最終演化，任何人的生命輪迴和選擇，再投胎到新的家庭和居住地區國家，當然和你的累世「業」，有著非常重要的關聯性。當下，我們居住在地球的「最適宜居住國家」，這是多麼大的「福」呀！這是比住在縹緲的天堂還要喜樂的大事。因爲這裡的一切雖是顯化的「幻相」，但你卻擁有能夠感知到它的所有「感官」。地球是宇宙裡最棒的「演化」場域，台灣是地球最好的「修行」場境。請問你，你哪裡不滿意？哪裡在懊惱？……不滿的是你的「貪」念，懊惱的是你的「嗔」性和「癡」性。

所有的朋友，快快收拾心靈的行囊，放下一切的不滿和懊惱，重新拿出你最佳的「情緒」，用最真誠、最真實的心靈，去創造自己最好的「福田」……祝福所有一切！

UPAPER

全球最宜居住地

台灣No.1

▲寶島台灣是福地（攝影／江慶淇）

▲繁華而安詳的台北夜晚（攝影／吳哲賢）

▲豐衣足食的寶島（攝影／洪同學）

覺醒之路荊棘佈，驀然真我合一悟（下）

二、生活裡每個面向，正是生命之流如其所流動的智慧能量來源

有一位深受大家所尊敬和喜愛的靈性導師，印度籍的耶穌會會士，戴邁樂（Anthony de Mello 1931-1987）他所定義的開悟經驗：「開悟是和那個無法避免的絕對合作」，個人特別喜愛這種說法，因爲這個解釋不只是簡單的一份了悟；它更是深入我們生活中每一種面向，和每一個關係活動的演化過程。在當我逐漸覺醒階段時，我感覺到生命前進的步伐，就好像流動的水流般，流暢的向前行，所向披靡的不斷向著它想去的方向走。

人們經常用盡各種辦法，很費力的把這個流動轉向「自我」所精心計劃，所喜愛的方向。結果，換來的是「它」毫不費力的走回原來流動的方向。

在這裡，我要表達的是：我感知到的生命流動——「生命之流」原來是「自動化」的，而且是渾然天成的，你所需要做的僅僅是「放下」那個一直「自以爲是」的「自我」；也就是大腦裡那個「小我」。

放下它的一切「執著」。「鬆開」它的所有根結、矛盾、唐突、崁頓和荊棘。「平復」它的一切負面情緒（怒、怨、恐懼、嫉妒、滑頭、鄙視、嫌惡、仇視、無禮、批評、妄念、癡心、遲疑、貪念、驕傲……）。

那麼，你很快就會感受到一股「生命的流動」，如流水般，流入全部的自己，自動自發的流向它願意去的方向，而且以你從未想像過的方式恣意流動。生命，此時幾乎變成了無人駕馭的「奇跡」。而「小我」的幻覺逐漸在消失，它拉扯你、阻礙你，引誘你的力道在大量減弱。

這讓我感知到生命在「自由」流動著，你無需知曉它要帶你去向何方？生命正「如其所是」的流動著……從未有過的自由流淌在心魂意識。這就是導師戴邁樂和慶淇所感悟到的：「與那無法避免的絕對合作」；也就是恣意的讓生命之流自由而又充滿靈性的流動著，那是一種完全的「臣服」；是的，必須「臣服」於那股來自源場的自然力量，絕對的與它合作，直到永遠。

除了「放下」、「鬆開」、「平復」以外，生活中另外還有一項重要

▼虔敬的祈禱敞開的性靈（攝影／洪同學）

的考驗和學習，那就是「眞實」和「眞誠」。也就是說生活必須「如其所是」的通透，一本純粹的態度，沒有任何條件的眞實呈現和演繹它，絕不讓那個天敵——「自我」，有機會來拉扯你的思想，覆蓋你的通透，誘惑你的眞誠，躲藏和隱瞞你的罪疚和恐懼。

時刻記住，生命要我們體悟的是「眞、實、誠、透」在生活所有面向的演化過程。當我們能觸動到生活裡眞實和眞誠最深處的開關時；的確，生命的能量流將會如約而至，如同流水般，流

▼老同學牽繫著真實的愛（提供／江慶淇）

向你的全身，我們除了用「感恩和喜悅」來迎接以外，別無他法；因爲「眞、誠、實」會讓我們在生活裡各種面向所遭遇的「苦難」、「挫折」、「傷痛」等，一一的接觸和相處。

但是，最重要的是：我們此時，如果不對它們（苦難……等）有任何評論和評斷，連念頭思想也沒有出現。最後「它們」將逐漸的消融，逐漸的過去，也不再會被你視爲有什麼大不了的事。此時，喜悅的感知和對生命的感恩也將油然而生。

在這裡，有一個重要的事項，慶淇要告訴所有人：就是我們與生俱來被「制約」的力量，也就是佛家所言累世的「業」，簡單的說，是我們打從第一世開始生活裡，所「創造」的「因果」關係。

它們正是我們世世代代，必須去解決消弭和體驗學習的生活演繹內容，這個「解決、消弭、體驗、學習」的演化過程，我稱它爲「平衡」（這裡完全沒有帶著是非善惡的評斷）。

事實上，就某一層面而言，每個人（靈性未足夠成長前）在世間一直在做兩件事：一、不斷的創造新的因果關係，也就是新的業，有正面的和負面的。二、「平衡」累世的業。當然，如果你沒有去平衡它或平衡不足平衡過頭，將會在未來的世代裡繼續做，甚至會有加倍加重的制約力量出現。

是的，我所要表達的重點是：當我們在生活的各種面向中，感悟到「制約」力量的存在，同時，我們也有了「靈性成長」，有心或不經意的學會用「放下、鬆開、平復」的方式去面對所遭遇的苦難、挫折、傷痛等。此時，你會驀然驚訝的發現那「制約」力量被消融了，它的力道逐漸被減弱了。

同理，另一面，你也會發現，我們用那非比尋常的眞實，誠誠實實的和生活每個面向相處之後，「生命之流」將自動的，自由自在的引領我們順利穿越那片滿佈「荊棘」的制約森林。這個意思就是說：我們在各種生活面向裡所學

▲放飛的青春（攝影／江慶淇）

會的「平衡」之法寶，正是解開我們層層制約的金鑰匙。沒錯，當你完全而持續的覺醒開悟時，「自我」已被消融了，哪裡還有對你的制約力量呢？哪裡還有業或因果呢？Yes, you are free! 你與那一切萬有合一了。

最後，我要你們記住，眞實的覺醒開悟，絕不會允許你們逃避任何事物，必須完全的不再躲藏，眞實眞誠的去面對、去相處，使用你們的「法寶」和「金鑰匙」去「生活」一切事物。特別要注意：開悟不是一種跳脫或逃離，它反而是一種最眞、最實、最誠的面對生活各種面向的一種存在狀態。

我再次強調：覺醒開悟並不保證你的生命從此騰達非凡，超越成就，或從此一切按照你的計劃發展。然而，最終你會發現開悟的重點是「眞相」，是「我是誰？」是「我們一己本然存在的狀態」是「在我們一己存在所有面向的所有層面保持眞眞實實」。本源（造物者）對我們的所有「制約」，是爲了讓我們在這個物質的幻相世界裡，重新學習體驗，重新演化過程。它是一項美好

▲寧靜山村流淌著神聖之光（攝影／江慶淇）

的經驗和恩典，我們無需也不可能嫌惡，或逃避恐懼。

當然，也絕不可能靠著修煉某種神通，某人的加持，誦念某種經文，參與某種法會儀式，參加某種行善團，或參與某種民間信仰，某種宗教組織，捐獻多少錢財……而消弭。這些種種作爲，無非是「小我」幻相裡的自我逃避和罪疚感。慶淇在此，再次呼籲，有心求道者或期望靈性成長者，走出你們思想中的「幻相殿堂」，重新眞實眞誠通透的走入生活，去面對各種面向的考驗和學習，迎接屬於你們的「生命之流」，自由自在的乘騎，毫無干擾的順流而行。放下那人類的天敵：「我執」、「我相」、「我見」、「執我」，臣服於制約力量對你們「平衡」的要求，臣服於本源造物者任何形式的恩典。

如此，你將會有機會到達那眞正智慧的彼岸，取得涅槃。然而，不管你靈性精進到何種境域，或何種高的層次，或到達任何的智慧彼岸；眞相是：我們仍是本源造物者無限大拼圖中的一小小塊。是的，沒有一個人會是「救世主」，或是曾經出現在地球上，最偉大的所謂神性化身（如果曾經存在的話），其也就像無邊沙灘上的一粒沙。

身爲「人類」，我們都只是在扮演自己的一個小小角色，只是整體是「一」本身的表達；在社會上，經常可以看到許多人處在覺醒初期，還未進入持續開悟狀態時，常會被「小我」欺矇，而開始自我膨脹，欺騙自己，或驕傲自大，自我貢高等等非開悟者的行爲；那就會再次的掉進「小我」思想幻相的陷阱，不可不愼！

希望慶淇挺直腰桿，用最實、最誠、最眞，所表達的這篇文章，能夠對有心求道者和追求靈性覺醒者以及所有大眾，就像燈塔明亮的光束般，具有決定性正確性和光明性的指引。最後，慶淇 祝福所有人！祝福所有一切！

▲與大自然共享而非佔有（攝影／蔣世承）

悟得手札之十五

真相（二）：無我

我，似是果敢，堅毅，充滿智慧。似是領域的宣示。還是種族的藩籬？

我，深夜裡恐懼的來源，是作爲獵物驚駭的夢魘，亦是獵人傲慢的殘酷？

啊！「我」在夢中未覺醒。它，是「那個」，永遠不會是「這個」。我，身體和性別外貌，是制約力量和自由選擇顯化的傑作。夢境裡，分別你、我、他。

身份被用來離析所有，地位階級隔閡萬物，成就和財富更是通向解脫的僵硬障礙。

思維中，充滿著故事劇情，記憶裡，滿堆著情感和浪漫，理性中，則是串串的仁義道德，口中，依稀喃喃的經文……

▲工作中的無我（攝影／江慶淇）

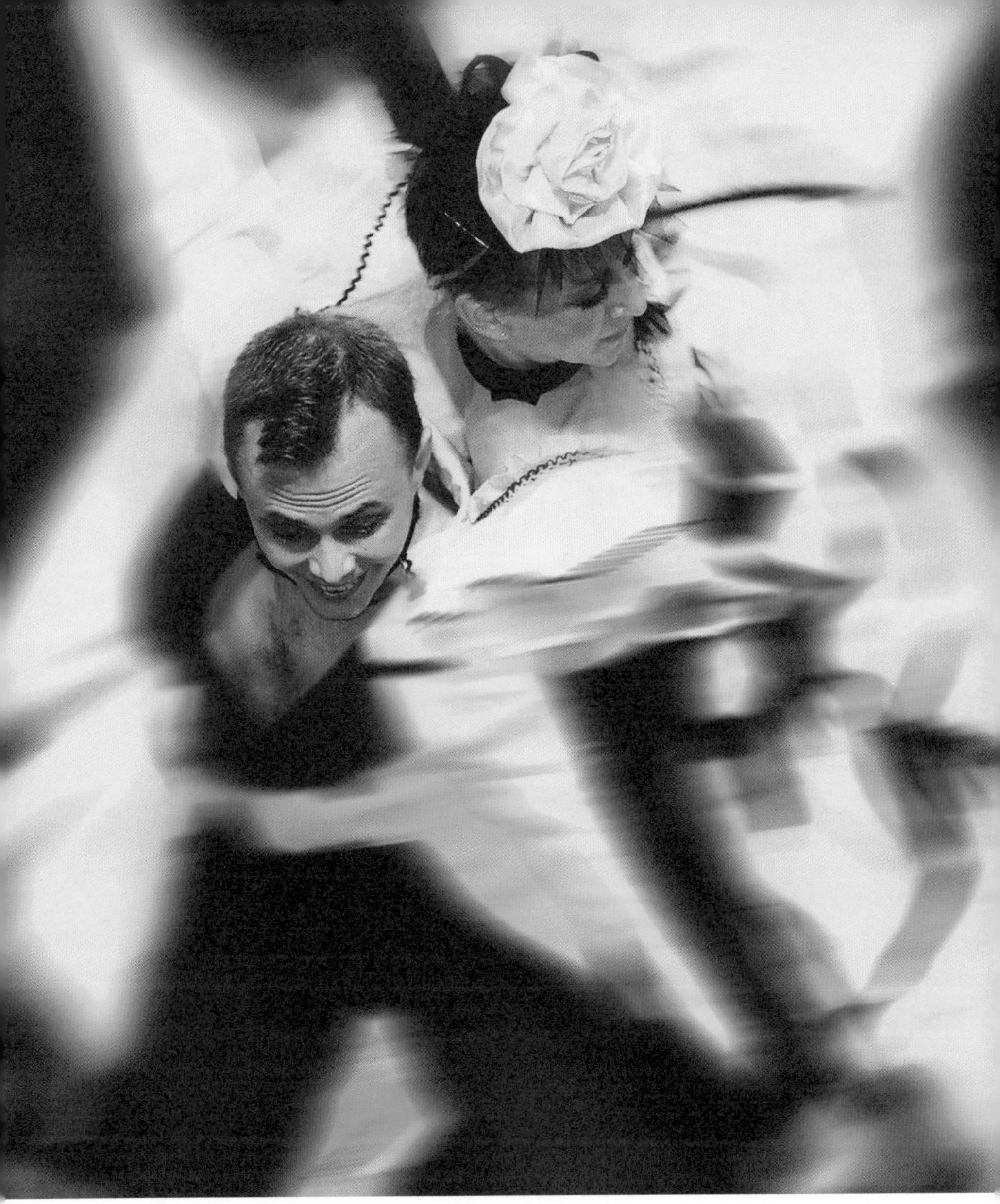

▲融入情境而忘我（攝影／顧益民）

當，所有的故事徹底清除！頭腦被消失，驀然地，覺醒……

那，留下的就是：究竟的「眞相」。

開悟：沒有自我，無形無相，無思無爲。

那，是「無我」的空性……

當，思想中心崩塌了！內在餘下的，是「佛」，是「耶穌」。亦是深刻的慈悲，是愛的純粹。「它」是萬有，是「一」，是「本源」。

偶然的美妙經驗，擺動不定的靈

▼人生就是四季的輪迴（攝影／江慶淇）

▲生命之流自動駕駛著（攝影／蔣世承）

性高潮，它是頭腦裡的誘藥，是靈性的上癮。

眞理被錯過，被堆積和擺放。自由依然束縛，沒有解脫。當，名利似硝煙散去。當，根結和情緒鬆開。當，一切自我，觀點和意見放下了。悲歡徒向夢裡尋，酒肉只在幻相斟。

眞相的光明，流向沒有自我的「空性」，流向深邃而勃勃的「無我」。流向這個「一」，流向永恆的「本源」。

▲舞動忘我的喜悅（攝影／江慶淇）

悟得手札之十六

撬開魔鬼的封印

去吧！去吧！趕快去吧！快快去到智慧的彼岸！快快一起獲取這個涅槃！

蝸牛與蚯蚓內在運作的意識，和你，和我的內在，都是一樣的。如今，蟲兒和我的內在，依然相同。

自由自在，無邊界。如今，你們之內在，有了界限，被自我的魔鬼封住了呀！

「水」啊！看看你的智慧，如此的自由，如此的睿智。是的，它自己尋的出路。

水知向何處流，花兒知季節開，葉子知何時落，蝸牛明白冬天眠。何物？

▲毛毛蟲安然的生命
（攝影／梁麗美）

▲蝸牛知何時眠
（攝影／林素君）

▲樹葉知何時落
（攝影／江慶淇）

▲枯寂孕育著希望
（攝影／江慶淇）

封住了你的本質和智慧。

是啊！埋沒了本然之性。嗯……思想和經驗，是這個魔鬼。是那個僵硬的死結構。

它們封住了你的創造，它們封住了你的勇氣，它們封住了你的睿智，它們封住了你的靈性，它們封住了你的本質，它們封住了你了悟眞相。當，你有了一條希望的裂縫，自我，就取來沙泥塗上去。當，出現了一些靈光，自我，就拿來黑布幔遮蓋住。當，你提起了一道勇氣，就被自我養的魔鬼嚇退。蝸牛和蛙蟲，花兒和葉子，水和……，他們從未丟失本性，他們沒有忘掉「我是誰？」。

人啊！渺小的生靈啊！

只因，你們拋棄眞實，擁抱虛假。

快去！快去！快快顯露你的睿智，
快！快！快快「『撬開魔鬼的封印』」！
快去！快去！快快憶起你的靈性，
快快解開魔鬼的束縛！
快去！快去！大家一起快去！
快去獲取，屬於你的涅槃。

▼水知往何處流（攝影／蔣世承）

悟得手札之十七

生活裡覺醒的第一步

在我前面的手札裡，明確的表達：「生活」是能促使我們覺醒開悟最爲重要的途徑。簡單的說，我們的生命帶著一身完整的裝備來到人世間，目的很簡單：就是善用裝備「過生活」，完成生命全部的演化過程。這就好像我們不可能穿戴一身的滑雪裝備，不去滑雪，卻去潛水或攀岩等，完全不搭配的活動。

是的，當我們擁抱生活後，足以促使我們覺醒的能量，第一步要做的是：「全然的承受和表達生活裡所有的眞實。」簡單的說，就是生活中，不管我們面對的是什麼？全然去承受、去接納，無需逃避、無需恐懼、無需內疚、無需瞠怨、也無需傷悲。哪怕是承擔了許多的苦痛和困難，也不會動搖我們「過生

▲生活是生命進程最真實的洗禮（攝影／洪同學）

▲滿心接受生活工作（攝影／江慶淇）

▲家庭是幸福的搖籃（攝影／蔣世承）

活」的目的。只需懷著喜悅和承受恩典的心，全然的去接受這「如其所是」的眞實。讓這生活的風霜盡情的雕蝕出生命的內在美（核心本質）。讓這生活的演奏家和指揮家，揮灑自如的爲我們奏響一篇篇生命燦爛樂章直達每個角落。我們就能以這眞實承受的光明，照亮任何潛藏於生活的黑暗。Mark Nepo曾說：我們每日生活在複雜的世界裡，錯誤的以爲把生活變簡單就等於是愚笨。事實上，我們唯有生活的簡單、純粹、直接，才能看見事物顯現出它們的原貌，因爲眞實而簡單正是生活的核心本質。

花兒，並不會因爲刮大風或下大雨，而不敢盛開花朵；相反的，它正利用大風吹雨水來，花瓣掉落，花粉散飛，完成重組，扎根伸展再盛開的眞實生命表達，因爲它承受了所有的「眞實」。鮭魚（大馬哈魚，salmon），也不會因爲返鄉繁殖的路途有多大的險阻，而視爲畏途；相反的，這段看似艱難險阻的路途，正是魚兒們眞實的承受生命燦爛的火花。部分魚兒成功的回到故鄉繁衍後代，其餘看似失敗的鮭魚，事實正是成功的重要部分，因爲它們的參與和犧牲，激勵和掩護才會有同伴們的成功到達，順利繁衍後代。自然界裡，簡單而純粹的生命本質，比比皆是，這也是造物者（本源）留給我們人類最佳的借鏡。我們只要，如花兒和魚蟲等，「如其所是」的承受生活裡的一切眞實和考驗，並且感到如實的喜悅和臣服的恩典。慶淇恭喜你！你已經踏出了覺醒重要的第一步！祝福所有人！祝福所有一切！

▼生活中豐收的喜悅（攝影／顧益民）

悟得手札之十八

真理之流

從前面的手札裡，我們已經熟悉了「生命之流」；當它來到之時，我們的生命只需「如其所是」的隨任其流而行。然而，在所有面向的流動裡，經常也會讓我們面臨艱難抉擇；選擇強勁之流？還是涓涓細流？又或乾脆作壁上觀其流？慶淇在此要告訴所有朋友們：眞理之流總是挾帶著最猛烈的原動力而來。

▲生命之流本然流動著（攝影／蔣世承）

▲真理之流總挾帶著強勁動力而來（攝影／顧益民）

▲真理之流如其所是的流動著（攝影／顧益民）

說出這道理難免令人感到卻步，但是這「眞理之流」的智慧卻讓人受用無窮。是的，讓我們再進一步來說說老朋友「鮭魚」（salmon），還記得我們前面的手札裡，提到鮭魚給我們的借鏡：毫無畏懼的承受生命裡所有的眞實。魚兒們榮耀了種群的燦爛就等於是成就了自己的生命。動物學家們曾觀察研究了鮭魚逆流而上的一些違背常理的行爲發現，當鮭魚群逆流而上時，經常會再三的奮力衝撞重重阻礙，目的是找出一道最強勁的水流。因爲，魚兒天生就知道：一股強勁的水流，代表這水流的所來之處的道路，一定是最沒有障礙物的。値得它們奮力投身其中，眼前雖顯倍加艱辛，但是躍上水流後，前方的路途卻一定會是暢通無阻。

至此，終究讓我們明白，爲何「眞理之流」總是挾帶強勁的動力而來。借鏡了鮭魚得自造物者的智慧，我們體悟出，當最猛烈的生命之流來臨時，我們對最強勁眞理之流的抉擇，將是毫無畏懼的縱身躍進。因爲我們已經完全明白，當我們衝出這道強勁的生命之流後，等待我們的將會是一路平順的康莊大道。祝福所有一切！

悟得手札之十九

愛和美

我們從眞實的感悟裡，覺知「愛」和「美」實爲一體的兩面。雖然，通常我們透過「自我」感官看見了美的事物；但是充滿了「愛」的美，卻會在瞬間抵達我們心靈深處，經常秒速間眼淚已然奪眶而出，那種能觸動和造物者相結合的瞬間，我看到的是「愛」。

本源以那極致的「美」，表達出宇宙最偉大最平凡的元素——「愛」。無需任何思考，無需任何解釋，也無需任何文字和聲音，你只需瞬時一瞥，便已了悟一切。造物者的「愛」，經常不是直接透過悲痛的場景讓我們領受；祂反而寧願藉由生命裡最平凡的生活中，表達出萬物無私的、無條件的、和最自然的「愛」。它極其自然的融入在所有生命的細微處，當你能善用心靈觀察，你

▼老人（攝影／蔣世承）

▼祖孫情深（攝影／洪同學）

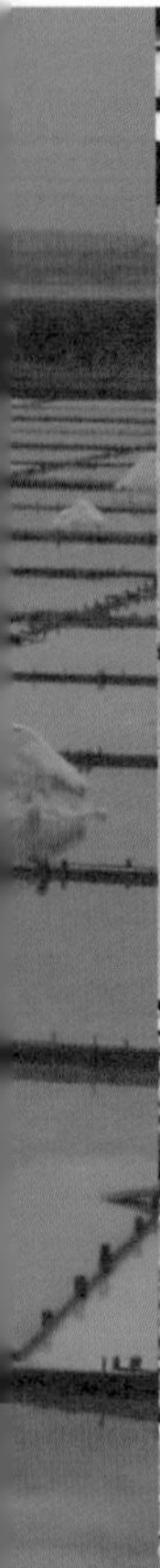

▲自然的愛自然的美（攝影／顧益民）

將領悟到本源造物者，無處不在、無時不在的「愛」和「美」。當然，此時你也已經正在覺醒之路上了！

▲充滿了愛和美瞬時觸動與本源合一（攝影／蔡幸彰）

▲人面蜘蛛（攝影／林素君）

▲鳥（攝影／許評榮）

▲岩壁畫（攝影／蔣世承）

悟得手札之二十

生活裡覺醒的第二步

上回我們已經體驗學習到生活裡覺醒的第一步：「全然的承受和表達生活裡的眞實」。是的，Mark Nepo也有相同的體悟：無論你現在或過去遭遇過什麼？發生過什麼？好的、壞的、苦的、樂的、傷的、痛的……等等所有一切。我們都全然的承受所有的眞實；哪怕你現在還坦露傷口或喘息未定，依然不帶任何批評與自憐，也許你可以深深的說出一句「好痛」！這就是對本源造物者的「臣服」，臣服於所有面向的恩典中。

接下來，我們來說這生活裡覺醒的第二步：蛻變內在的老梗，硬骨死皮和死結構。

▼卸下面具接受一切真實
（攝影／江慶淇）

▼大樹的老梗（攝影／江慶淇）

▲水的蛻變（攝影／蔣世承）

▼走出迷茫接受真實（攝影／顧益民）

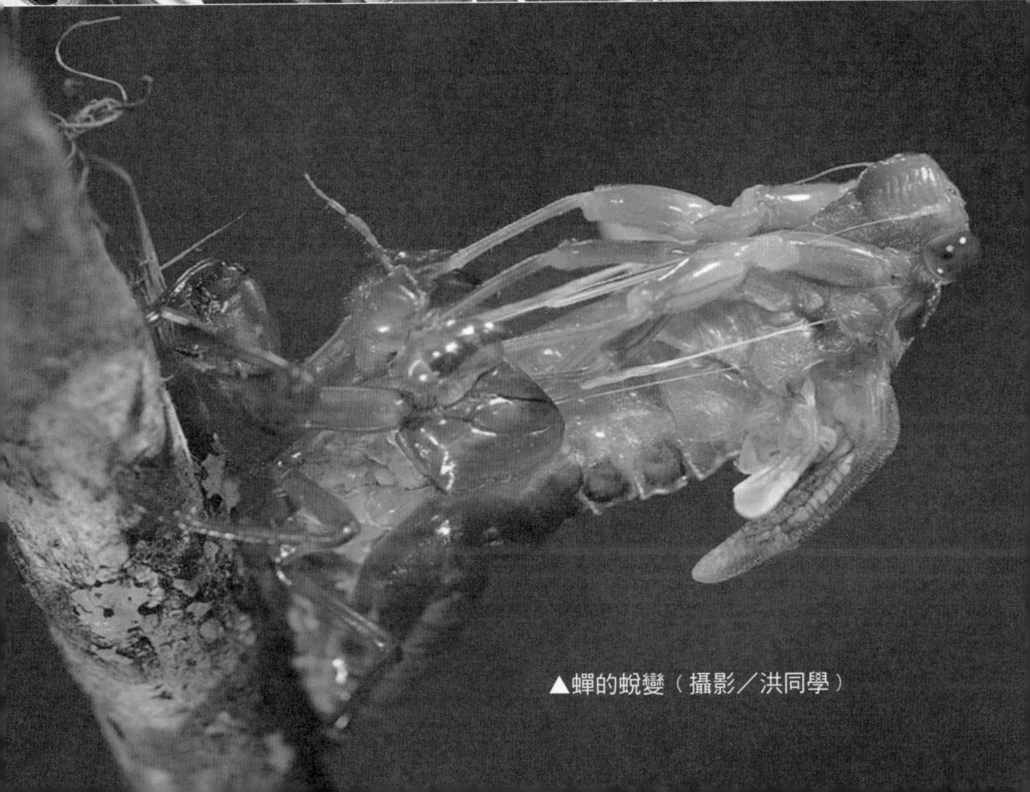

▲蟬的蛻變（攝影／洪同學）

不論生命的境遇裡，給了我們任何的禮贈和多少的苦痛傷痕；結了好幾次婚或者從未談過戀愛，事業或家庭失敗破產，犯罪坐過牢，或是家財萬貫或是一貧如洗。我們每個人的生命核心課題，卻怎麼也不會消失。生命中專屬於每個人的「內在之門」，除了自己穿越，自己眞實承受，沒有任何人能代替。通過了這扇門，我們才眞正的進入了人生的課題；也唯有接受，消融和臣服於生命的課題，才有機會促使我們的「覺醒」。當穿越了這「門」之後，我們猶如「重生」，心靈感到從沒有過的踏實和喜悅，我們入睡時，也因爲臣服的釋放感而安眠和美夢。

此時，我們進一步覺知到生活中的阻礙，來自於「內在」；來自於從小的教育，訓練以及自我形成的思想系統，來自於過往的經驗，來自於我們自以爲是的智慧等等積累成固有的死結構。它們不會像蟬、像螃蟹類、像蛇類、蜈蚣等動物，隨著自我成長而自動蛻變掉，以讓自己一次次的自由成長伸展。它們反而隨著我們的成長，逐漸成爲我們內在的老梗，成爲阻礙的死皮硬骨，形成了我們「重生」後，內存重啓的死結構，必須及時被刪除，也就是我所強調的「放下」。放下全部的負擔和先入爲主的成見，放下一切自以爲超然的性格，放下心中羅列詳細失敗與成功的清單，放下自認謹慎護持的至高原則，放下一切的期待與懊悔，放下過去所構築的高墻與制約；讓以前的思想和經驗死去，迎接你的將會是無拘無束的純粹靈性重生。

想到要徹底蛻變自己，也許會令你感覺到了排山倒海的壓力；要如何拆毀花費數十年，才建成的藩籬高墻？相信慶淇吧！你只要一口一口的呼吸，因爲每一口呼吸都是造物者，恩典我們的一次最小單位的死亡與重生。

我們一次次小小的死亡和重生，一刻刻的放下一切背負，一塊塊的解放所有的老梗死骨；與此同時，一寸寸的讓純粹的靈性在你身上重生，綻放新的光明，也順利的爲你覺醒的路途，鋪設了最佳的踏腳石。祝福所有人！

悟得手札之二十一

真相（三）：「本源」的輪迴

覺醒開悟讓我們明白「我是誰？」，讓我們與「造物者」合一，也讓我們重回生命本然的狀態，更讓我們獲得對造物者（本源）眞實的「臣服」與「恩典」。開悟者對生命核心本質的眞相認知已然前所未有，對造物者神聖計劃了然於胸。更覺察到人類在萬物面前的「謙卑」；Mark Nepo也認爲：我們面對的波濤起伏挑戰，不是在萬物中找到自己，而是在自己體內找到萬物。身而爲人，就是在萬物的相似和借鏡中不斷往內在演化，進而顯化形塑自己成爲眼見的奇跡。

慶淇和當代開悟者Mark Nepo，有著完全一致的造物者輪迴覺知：「沒有任何存在能逃脫造物主的輪迴；植物、野豬、海豚、樹木、野花、飛鳥、昆蟲、

▲本源的輪迴（攝影／顧益民）

▲昆蟲的輪迴（攝影／洪同學）

▲小生命的輪迴（攝影／江慶淇）

細菌、病毒或人類皆不能；意念不能，心靈不能，精神也不能，包括所有的星系和宇宙也不能。「本源」從來就有著本然的輪迴，所有生命的浮現、聚集、再激蕩出新的生命，然後分散、死去、滅絕，再以新的方式浮現。如此循環不已顯化形塑，即爲「輪迴」。每個靈魂都是造物者吐出的一口氣，散佈於所有周遭如洪流般的偉大能量中；最終目的絕非逃離死亡，而是透過接納死亡來得到謙卑的「臣服」，帶著這樣的生命信念，我們得以活在神聖洪流之中。」

柔弱如小花兒，纖細芬芳的花瓣並不逃避風雨，它們活下來只爲了死去，然後藉著深埋黑暗泥土中的種子，再破土而出重新伸展。北美洲的蟬，並不恐懼蟄伏於暗黑的土壤裡，長達十七年的等待，只爲了一朝破土爬出，在陽光下振翅飛翔一展生命之歌，然後再歸寂寥和重生。人世間，我們也會凋謝再紮根，破裂、流血，然後重組重生，成爲另一個美好存在，並且學會了向上伸展。花兒嬌艷和蟬的高歌猛進，都是剎那間的發生，極其短暫，卻值得它們一生一世的謹慎蟄藏和謙卑等待。人類也不可能例外，生命裡短暫的燦爛和幸福喜悅，同樣也值得我們獻出最大的尊敬、慈悲和珍惜。如果抗拒這個過程，我們的痛苦將會倍增；若是唱著歌跳著舞走上這個演化過程，這個「輪迴」將會成爲愛與美的最大幸福旋律。祝福所有一切！

▲珍惜當下的幸福喜悅（攝影／邱平洋）

▲大神木的輪迴（攝影／江慶淇）

居福地（二）

繼二〇一六年八月寶島台灣被國際知名旅外機構（全球最大旅外人士網站interNations）評選爲「全球第一宜居國家」，慶淇特別寫一篇《居福地》，爲寶島台灣感恩，爲生活在寶島的所有人加油祈禱和感恩。更重要的是，期望所有人「居福而醒悟」，「感恩

▼台灣因健全的醫療制度與可負擔的消費水平，在全球21個宜居國家中居榜首。 資料照片

全球宜居國家
台灣奪下榜首

詹宜軒・報導 全球21個宜居國家，台灣因健全的醫療制度與可負擔的消費水平，位列榜首！內政部次長花敬群將該篇報導轉貼於個人臉書表示：「不管台灣排第幾名，我們都會努力，讓她更美好。」

英國媒體《BUSINESS INSIDER》委外調查，針對來自174國、近1.4萬名旅居外國的民眾，評定出全球排行前21名的宜居國家，榜首台灣因醫療制度健全、可負擔的消

▲居福地（攝影／江慶淇）

▲虔敬（攝影／江慶淇）

▲喜悅（攝影／江慶淇）

而惜福」。

二〇一七年二月，我們寶島台灣再度由英國媒體機構，從來自一百七十四國，一一．四萬名旅居外國民眾票選評選爲「全球宜居國家第一名」。感謝本源（造物者）對寶島的厚福。更大的期望所有生活在這地球明珠的人們「知福惜福」，感恩我們免於戰爭、免於飢餓、免於災禍、免於恐攻……同時呼籲所有人放下「不滿的心」，以讓國家平和、讓社會和諧、讓家庭幸福溫暖、讓人民充滿喜悅和慈悲。更讓我們「知所感恩」，把台灣寶島這塊帶著造物者加持的「福田」，傳承給我們自己的後代子孫。祝福台灣！祝福所有人！

◀恩典（攝影／江慶淇）

悟得手札之二十三

看見造物主的約定密碼

在前面的「悟得手札之十九」，闡述了「愛和美」。我們徹底而通透的明白「愛」和「美」是宇宙間最偉大最平凡的元素，它無所不在、無處不在、無時不在的流淌在萬物之間。

今天，慶淇以開悟者的眞實覺知來告訴所有人：這個無所不在、無處不在和無時不在的流動，或駐足或流淌

▲愛和美的靈性觸動，就是看見造物主的約定密碼（攝影／江慶淇）

或凝結或穿透……就是所有人三跪九叩、翹首企盼、朝思暮想的造物主、是「神」、是「上帝」，是我們中國智者老子所謂的「道」，也就是我經常提到的「本源」。

是的，在「本源」造物之始，和我們約定「回歸」的「通關密碼」就是「愛和美」。

Mark Nepo說：「太陽永恆不歇的照耀萬物，它的光穿越深邃幽暗深空來到我們世界，但我們看不見它。當太陽持續的燃燒，不斷的發出強烈

▲愛和美（攝影／顧益民）

▼暮歸（攝影／顧益民）

▲愛和美的靈性觸動，就是看見造物主的約定密碼（攝影／顧益民）

光芒的同時，它拉住了在引力範圍的一切萬物；這個偉大的力量穿透了數不清的里程，毫無聲息的來到我們身邊，但我們對這個穿透的過程和這個力量卻無法察覺。直到『它』觸及了東西。」直到它染紅了天邊的雲彩，直到它鮮艷和彩色了平凡的花朵，直到它金黃了一張結了露水的蜘蛛網，直到它點燃了一片乾枯的草原，直到它點亮打開了人類的眼眸子……

「神」的存在也和陽光一樣，流淌在你我萬物之間，巨大而神聖無可言喻，但你們看不見祂。唯有在你覺察到愛和美的深層領悟和內在觸動，那個「瞬間」或那個「看見」，造物主便如約如期的悄然環繞流淌於你的周遭和你相見，你感受到「看見」和「回歸」的恩典。此時，你的靈魂已在祂溫暖的懷抱裡，而你的身體也瞬時處在祂巍峨的花園中。是的，慶淇有著親身的感受感知：如果你得以覺醒開悟，則你將「所見所思所言皆爲眞實的愛和美」，你將日日夜夜受到「造物主」的陪伴，你將喜悅的感受到微風輕撫臉龐和溫暖環抱著全身內外。如此，慶淇眞實的對所有人說：任何人不論你的人生有多大的地位成就，或多少的財富，或窮困潦倒，或傷殘病痛纏身，或鰥寡孤獨……。這個對「愛」和「美」的追尋覺悟就是：我們人生這趟謙卑旅途的涅槃。否則你這趟的人生旅途也就枉然。

祝福所有人！祝福所有一切！

▼愛和美的靈性觸動，就是看見造物主的約定密碼（攝影／洪同學）

悟得手札之二十四

絕望與覺醒

我站在大街上，眺望蒼穹不少於千百次，只見滿天塵埃和肅殺霧霾。直到觸動性靈的「愛」和「美」，但見雲開現青天，陽光流淌公園灑落海濱，空氣中重新滿佈了金黃納米碎片……。

▲森林裡陽光有如納米碎片（攝影／江慶淇）

▲金色陽光灑滿聖山梅里雪山（攝影／蔣世承）

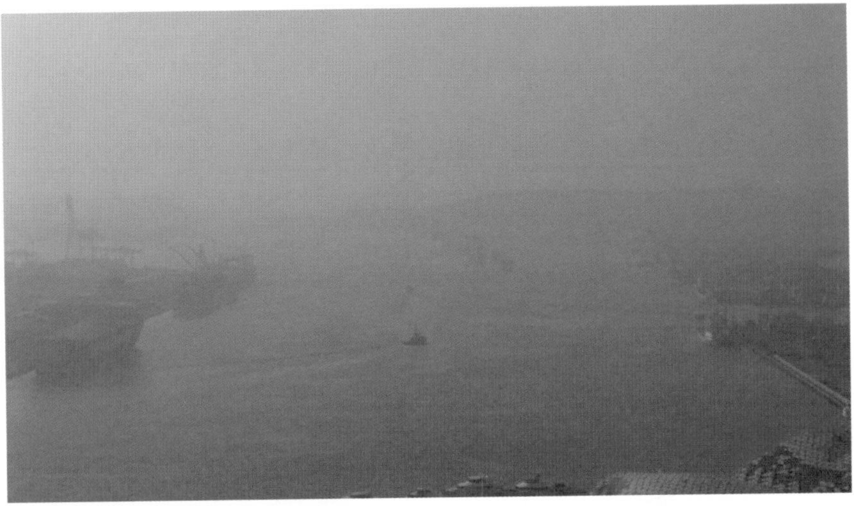

▲高雄港的霧霾（攝影／陳晃豐）

▲清朗的高雄港（攝影／陳晃豐）

悟得手札之二十五

生命因共享的愛而延續著

大地的生靈因土地而受滋養著，陽光下的萬物因光明而呼吸著。人類也是其中一員，並沒有因爲擁有「智慧」而得以免除。是的，Mark Nepo說：生命中最珍貴的東西無法被「擁有」只能「共享」；因爲共享，生命得以延續。星球上的生靈共享著這個名爲「生命」的神秘恩典。

土壤、空氣、水、陽光……是這份神秘共享，是生命的本源，是造物主「愛」的恩典，是祂流動的能量面向；依附這本然的愛，流淌於萬物的性靈，以支撐我們「活著」。所有生靈無悔的提供自己擁有的一切，串流於需求的其他物種，相互支撐層層依靠，彼此餵養著。但見星球欣欣向榮茂美而豐富。

△人類與其它物種共生共享（攝影／顧益民）

▲大海永遠敞開自我（攝影／顧益民）

▲物種間的共享（攝影／梁麗美）

一旦我們開始去分割本不該被分割的事物，心靈便會深深感受著痛苦，生命受到慾望的支配，於是人類不斷的掙扎於去「擁有」和去「善用」之間。我們看一座山，它隨時向天空敞開著，完全接受所有的天氣，萬物得以共享寒暑和本然的食物，森林裡所有植物雖需要雨水，卻從來不佔爲己有；大海也敞開著全部，讓生靈隨時共享這片汪洋延續生命，海岸雖渴望擁抱海水，卻也不佔有讓它感覺「自我存在」的海洋。我們看到大山和海洋對萬物的「愛」，猶如造物主的流動，萬物共享著這份神秘能量的流淌，以讓生命得以延續，否則，生命將戛然終止。讓我們擁有這份「覺醒」，打開「擁有」的私念，拆除「佔有」的藩籬。永遠讓「共享」和「善用」延續生命本然的愛，永恆的活躍所有的生靈。

祝福所有人！祝福一切萬有！

▲家族祭祀是人類間的共享（攝影／顧益民）

悟得手札之二十六

居福地當然培養出最友善的生命

前面我們寫過，寶島台灣去年二〇一六，和今年二〇一七，連續被國際上不同國家、不同機構，票選爲「全球最宜居國家」。的確「居福地」的人們也是全世界最友善的生命；二〇一七年三月寶島台灣榮膺全球最友善的國家，由高知名度的國際機構「InterNations」，從一萬多旅居各國的外國人票選而出。

欣慰！喜悅！這是我的感謝詞。再次呼請寶島人民，持續的放下所有的負面情緒，心存感恩和喜悅，把最好的「福地」做爲全球典範。祝福寶島！祝福所有人！

▲純真友善的新生命（攝影／洪同學）

▲小朋友公園裡和野生小動物的友善互動（攝影／江慶淇）

▲自由的空間裡街頭藝人的表演（攝影／江慶淇）

悟得手札之二十七

生活裡覺醒的第三步

前面我們已經學習了「生活裡覺醒的第一步和第二步」，今天我們繼續來說這個第三步，當然我們也無需爲這次序作硬性的想法，只需自然的一步步邁出，或者三步同時進入也無妨。

這個「生活裡覺醒的第三步」：重回和完成生命賦予你的本然角色，實現生命中的「必須」。也就是你需要重新的找回你生命中自然形成的具體角色，而非另外你費力去追求的空洞地位或角色。我們知道，角色的形成來源於「家庭」；你會是父母的孩子、他人的兄弟姐妹、他人的配偶和孩子的父母，也會是他人的同學、朋友，老師的學生，也可能是他人的工作同仁等等。這些是生命裡最基本，卻是本然賦予的重要角色，尤其是家庭的角色。

我們從小所受教育和訓練，經常要我們努力奮鬥，去做大事去賺取大財富……。爲了要完成這些所謂的「大事」，我們的心稀里糊塗的離開了，所賴以維繫幸福和滿足的生命中心——家庭。我們誤以爲去追尋的「大事」會給我們帶來幸福和榮耀；結果往往相反，這個眞實的幸福和滿足卻越來越遠，也許有一天當你醒覺了，回頭找尋心中眞正的愛，然而人事景物卻已然消逝，留

▼自然與純真（攝影／顧益民）

下的只有自己孑然的空洞。哪裡是幸福？哪裡是榮耀？

是的，「神」說：生命中連屬於自己最根本的愛，都無法去實現，你要財富或權力做什麼？多數人一輩子花了許多時間和精力，奮力的在找尋幸福和榮耀，誤以爲去滿足世人對我們「崇高」的評價，就是自我的完美實現。開悟者覺知：你必須先實現自我本然的愛，穿著濃濃厚厚的幸福外衣，披上一身由「愛」所形成的天然裝甲，再去爲世人完成你的「自我實現」，因爲它僅僅是你的副業，是你生命中幸福和滿足的配角而已！

由此可見，幸福和滿足和喜悅遍地皆是，隨地可撿拾，可是我們卻渾然不知。例如，一個男人或女人，成了家，你只需要克盡職責撫養小孩、親近小孩、和他們一起成長，維持和配偶的親密關係，對父母和兄弟姐妹……等等極其簡單又純粹的生活，這就是老天本然賦予你的角色，就是眞實幸福和榮耀的滿足中心，你無需四處奔波，也不應一再推託和「家人」的約會，你僅僅需要扮演好你當下本然的角色，所有工作和追尋成就，都只是輔助的「配角」而已。這個簡單的覺醒，立刻就能讓你和「愛」擁抱而入眠，連做夢都綻放滿足的笑容。

造物主雖說發端於看不見的事物，卻往往透過塵世間最平凡、最純粹的「愛」而現身其中；你無需離家或出家，更無需花費大量時間和精力來修煉，或參與法會誦經或蓋廟行善捐款等等，爲的只是護送自己或家人進入神的國度，和獲取心中的涅槃。

殊不知，當你離最眞實的愛越遠時，天國就離你越遠，獲取涅槃更是遙不可

▲最純粹的愛和幸福（攝影／江慶淇）

及。我們認識「眞理」的唯一方法，就是用最純粹的「生活」，和最本然的「愛」去穿過它層層的外殼；我們只需一次做一件事，完整的做，滿足的做，因爲你如果一次端太多杯的咖啡，沿途必定會濺到許多無辜的人。看！渺小的毛毛蟲和其它動植物相同，生來「內在」便已知道，它這輩子「必須」要做的是什麼？它從來沒有懷疑過，它也從來不會朝著成爲一只飛鳥的崇高目標努力前進。毛毛蟲本然的具有造物主賦予的生命信息，純粹的活著。難道說，自以爲有了智慧的人類就能免除「造物主」的哲理嗎？答案當然是否定的，人類一樣要去完成內在所俱來的「必須」，也就是「實現你本然的愛」，而且是用你本然的扮演角色。是的，你活著，但是無需以任何理由來躲著。

你存在，卻無需終日的恐懼和思考；你可以熱情的敞開自己，可以每日用愛來擁抱家人，卻無需裹足不前、老是壁上觀。有人說：我們數著賺來的鈔票、傾吐禱告的心聲，卻從未眞正用對金錢，或眞正感受到神的存在。我們甚

▲生命裏本然的喜悅和感恩（攝影／顧益民）

▲生命來自家庭的愛（攝影／顧益民）

有技巧的演奏生命或做愛，卻從來不曾眞正感覺到音樂與激情。是的，樂活的日子遠遠勝過苟活的歲月。

當你細細的體會、層層的去實現慶淇提出的生活覺醒之道；無非告訴你眞實的敞開自我，用你本然賦予的生命角色，去實現你生命中的「必須」。修正跌倒的唯一方法就是「爬起來」！快快回歸你本然的角色「修補」你最純粹的愛。因爲只有家人能眞正的讓你感受到幸福和榮耀！融合我們的「生活覺醒三步曲」，只要你用眞實的態度和心靈，一步一步去實現它。那我要恭喜你，在靈性開悟的議題上，已經跨出成功的入門了。我祝福大家！祝福所有人！

悟得手札之二十八

光明永遠在等待

我們的世界每日光明的白天過後，就是漆黑的夜晚；但是，黑夜的降臨並非是陽光的消逝，而是因爲地球自身的「擾動」（自轉）所產生。是的，究竟我們該如何看待這個因爲自己的「擾動」所陷落的黑暗？造物主用這個簡單的天體運轉，給我們訴說了什麼？

人間也是相同，我們的人生經常感受到黑暗的降臨，蔓草叢生的心靈無法穿

▼渴望的光明從未消逝（攝影／江慶淇）

越，傷悲和阻礙無法消弭；只因爲，此時就如地球的擾動一樣，轉過了身背對著光明，或是「黑佈幔」遮蔽了清明，光明無法穿透照耀。是的，此時和太陽相同，我們渴望的光明從未離開，也未消逝。暗黑的降臨僅僅是我們自身的「擾動」所產生。人們耗費大量的時間，跟隨著「小我」編織著根本不存在的劇情，層層疊疊有如蔓藤荒煙，纏繞覆蓋著心靈；當我們沮喪而頹廢無助時，暗黑的力量利用這「擾動」的黑暗，緊緊的蓋住我們已是累累傷痕的尊嚴，用的是我們成功和成就的藉口。是的，成功和成就有如碩大的封印佈幔，光明始終無法到達那眞正疼痛的核心，心靈因爲缺乏光明而毫無能量反抗。難道生命就是如此等待？等待那因爲成功和成就的「擾動」，所引來的黑暗，將我們擊潰分解嗎？

看！小雞的出生過程，有助於我們理解如何擊敗「擾動」的黑暗，有助於我們撬開心靈的封印。覺醒的智者Mark Nepo，也曾給我們睿智的體悟：小雞出生前，受限於黑暗的殼，捲曲著自己，當牠吃下蛋中的所有養分，想要盡力

▲黑夜的降臨來自本身的擾動
（攝影／蔣世承）

▲擾動停歇光明乍現
（攝影／江慶淇）

伸展，卻被堅硬的蛋殼所抵住，然後牠開始感到窒息感，因爲牠所處的世界是如此的狹窄難耐，而且飢餓和痛苦正陣陣的襲來，小雞感到牠的世界即將終結；接著牠奮力一咬，蛋殼出現了一道裂縫，「生命之光」毫無遲疑的由裂縫照耀進來，接著小雞的「天」塌了下來！當牠本來所仰賴的一切全數崩毀時，牠「重生」了！

靠著自己吃掉那原來保護牠的外殼，牠砍斷了那纏繞覆蓋著牠的外膜，頓時光明乍現。人類也不例外，當你眞實的承擔了那個「擾動」的黑暗，奮力拔掉限制你的藤蔓、撥開蓋住你的黑佈幔、砍出一條裂縫和路徑，讓光明直達那「傷口」的核心，讓心靈重啓能量，讓光自然的療愈我們的創傷。

是的，本來光明重新的來臨，是件極其簡單的事，因爲「它」從未消逝——光明永遠在等待。它在等待人們努力的敞開；無論是張開手打開了裂縫，還是奮力砍伐那「擾動」的蔓藤，或是頓悟後的大轉身，等待中的光明必然如期到來。覺醒開悟的曙光，也必然適時的乍現。祝福你！祝福所有人！

悟得手札之二十九

愛的真相：無盡的愛

生命是幸福和傷痛的共同組合，就像「水」是由「氫」和「氧」的組合一樣。我們喝水或使用水，不可能只選擇氧而拋棄氫；「愛」就是真實和喜悅的品嘗生命的共同體：幸福和傷痛。也許開悟者和你有著不同的認知和體悟，我們來看看開悟者，真實的「愛」是如何看見造物主。

愛是，突破勇氣的界限，袒露自己的傷口，承認需要、要求幫助，讓別人、陽光和時間來包覆你，來擁抱你。

愛是，看見任何感動的落淚，和任何喜悅的微笑。

愛是，透過擁抱別人，去共同承擔他的痛苦。

愛是，在自己之中看到萬物，而且在萬物之中看見了自己。

愛是，當錯誤明白自己是錯誤的，而且無法挽回時，寬容它。

愛是，讓那展露於外的，保護餵養那看不見的內在。

愛是，付出關注以取代獲得關注。

愛是，可以隨時轉過身來，停歇那個「擾動」，敞開自己讓光明乍現。

愛是，沐浴恩典同時也感受本然的喜悅。

愛是，覺知「我是誰？」所爲何來？

愛是，看見孩子的純眞和本然的慈悲。

愛是，看見母親的皺紋，也看見父親的汗水。

▶愛是輕撫一隻路過的小昆蟲（攝影／梁麗美）

愛是，爲自己喜歡的比賽吶喊助威。

愛是，當看見一只蚯蚓或毛毛蟲迷路時，將它放回適合它繼續生存的地方。

愛是，隨時吹出一口氣，讓因爲翅膀朝下而受困的蒼蠅及時逃離。

愛是，所見皆美，所識所念皆美。

愛是，傾聽情人的呢喃，以及孩子的吶喊。

愛是，看見所有「小生命」正努力的做著，它生命中的「必須」。

愛是，看見乾涸的土地上，一株小花吐出了新芽。

愛是，看見惡臭的爛泥裡，孕育出新生命的騷動。

愛是，一位母親緊緊的握著自己身心障礙的孩子走在大街上。

愛是，露出微笑，回答問路的人。

愛是，像欣賞「作品」一樣，坐在公園的椅子，看著過往的人。

愛是，悸動的盼望著蟬鳴季節的來臨。

愛是，黑夜看見螢火蟲時，感恩造物主帶來的光明。
愛是，下著雨時，享受著溫暖陽光的燦爛。
愛是，看見一位母親專注的爲小女兒綁著馬尾辮。
愛是，住在高樓時，聆聽強風吹過窗戶的口哨歌。
愛是，看見造物主的幽默，用「雷聲」當成鬧鐘，叫醒睡眠中的小動物。
愛是，享受和兄弟姐妹們打麻將時，幽默的談話。
愛是，看見重病的人，康復之後，感覺連呼吸都是一種恩典。
愛是，給予他人足夠的空間，直到他們明白生而爲人的意義。
愛是，看見一群挑夫，挑著重物時，隨著扁擔的起伏，唱著力與美的歌。
愛是，當穀物成熟時，走在田埂上，聽見「風」爲它們所奏響的美妙音樂。
愛是，看見鴨子把頭和脖子埋進翅膀裡閉著眼，毫無戒心的泛浮水塘，享受那「臣服」的安逸。

▲愛是不同物種的喜相逢（攝影／江慶淇）

愛是，看見狗兒「謙卑」的，用牠的口鼻，舔嗅著大地，探尋著牠所遇到的一切。

愛是……

是的，開悟者所覺知的愛，並非只是男女間的愛或親情、友情之愛。「它」無所不在、無時不在，它就是「本源」的化身，它是「無盡的愛」。萬物因爲「愛」而得以存在，也因爲接受了愛，而可以進一步成長茁壯，實現生命的演化。當然，於此同是，萬物也在付出它們的愛，以回歸造物主的輪迴；人類作爲有了智慧的物種，難道可以免除回歸的輪迴嗎？當然不能，從我們誕生開始，不間斷的接受流淌於周遭的一切愛，讓我們不斷的伸展成熟以至「實現自我」。但是，我們也只能不斷的回饋和付出愛，才能接受那「生命之流」的自動承載，準確的流向本源——那個充滿著愛的造物主。才能自動的接受本源的禮讚，回歸進化揚升的大輪迴。慶淇用「愛」，祝福所有一切！

▼愛是全家陪著老母親一起吃生日蛋糕（攝影／江慶淇）

▼愛是和40年老同學一起上阿里山（攝影／邱平洋）

▲愛是爸爸帶著全家大小一起出遊（攝影／洪同學）

悟得手札之三十

當下、當下、就是當下

聽說，時光流動似射出的箭。
聽說，光陰轉圈如腳踏車輪。
聽說，年華荏苒像是物換星移。
我說：沒有時光、沒有光陰、也沒有年華。

▲時光是看不到盡頭的當下（攝影／顧益民）

卻是，無限制、無止盡的「當下」。
是啊！它只是看不見盡頭的現在。
看！荷花池塘……
荷花葉、荷花苞、盛開花瓣、蓮蓬、和枯萎荷葉；聚集在當下。
過去、現在、未來已經分不清。
一切的顯化只有在「當下」；
造物主啊！祂說：當下，只有當下！
小「量子」啊！是幻化的本源，是飄蕩的「意識」。
小「電子」啊！是概率的雲朵，
是飄忽的顯化，也是鬼魅的行蹤。
萬物的纏繞，只因從「一」而出，從「一」而歸。
你說苦，即苦吧！自由意識。

▶人生就是一場遊戲一場夢（攝影／江慶淇）

你說樂，即樂吧！意識自由。
你說啥？就啥吧！由「它」掛帥。
我說：無苦無樂，苦即樂、樂即苦。
苦樂同源，「意識」顯化，當下立定軒輊。
億萬光年之距離，當下之前是幻覺。
亙古的概率魅影，成眞成像在當下。
體悟、學習，生命裡一場遊戲一場夢。
「感恩」是本質、「愛」是動力，
「喜悅」則是當下演化過程的態度。
快去！快去！快到智慧的彼岸！
覺醒！覺醒！快快覺醒開悟吧！
當下！當下！一切就在當下！

◀當下光陰從未消逝
（攝影／顧益民）

悟得手札之三十一

眼前所困　即其所解

坐捷運上班時，聽見二個女性上班族的對話。一個說：不知爲什麼？老覺得自己的先生不愛她，不眞心……讓她感到非常憂慮和困頓。另一個說：自己覺得本身在公司做事很認眞，爲何就得不到認同？……。

讓她每天都感到惶恐不安，生活毫無重心。是的，人們每日或經常受困於種種問題，而感到深深困惑，進退維谷無法解決。這裡有一個純粹而深奧卻令人謙卑和臣服的道理：當你覺得岌岌不安無法好好端坐時，更應該坐定不動。當你無論什麼原因跌倒時，唯一修正的方法就是原地爬起來。當你受困於得不到認同或自我滿足時，更應該用力拔除自我如此的索求。

▲清空內在，納進萬物（攝影／江慶淇）

▲走出困頓，唱著歌、踏著舞回家（攝影／江慶淇）

▲生命是迷惘的，覺醒開悟的路是堅定的（攝影／江慶淇）

來自「本源」的眞理往往是既深奧又簡單；人們經常會問：「我的生活或工作爲何如此不順遂？到底該如何才能順順利利？所求該怎麼獲得？……」是的，生命的進程就是需要我們不斷的接觸和處理來自外周的人、事、物，並且讓這些接觸和處理連接到我們的「內在」，進入我們的「性靈」；由內在靈魂深處做出客觀的檢驗和消解，並且冀望這些進出內外的一切演化和體驗逐漸的吻合於，我們生命輪迴前所選定的「生命藍圖」。但是，由於種種因素，人們很容易就忘卻，自己所做那個最適合自己所「必須」的藍圖計劃。

慶淇在此提醒「忘卻」的人們！你們此生被自己所安排而需要平衡體驗的「課題」非常簡單；「眼前所困，即其所解」。是的，你目前所遇到所有的困難、困擾、困惑、困頓、傷痛和憂愁等等解不開、過不去的，正是你此生所要通過體驗和學習平衡的「課題路徑」，也就是打開屬於你自己「潘多拉」寶盒的唯一鑰匙。所有人一生都在尋找所謂的「生命的意義」？或是自己命運的眞相？我們前面的手札裡，也有許多篇幅說過這個議題；我們明白了造物主，並沒有給我們的生命賦予任何意義。相反的，生命的意義是由自己去創造的，也就是說每個人可能都有獨特而屬於自己的「生命意義」。大家唯一相同的是：必須去完成和實現自己生命輪迴之前，所制定的「生命藍圖」，生生世世直到靈性成長覺醒和開悟。然而，人們卻因為各式各樣的因素，忘卻、迷惘、流連或執著於生命的旅途中，不知如何前進？更不知靈性大涅槃何在？造物主給我們的答案，是如此的簡單；眞相是這麼的純粹：「眼前所困，即其所解」。

有智慧的精進者，慶淇冀望透過最直接的信息傳遞，解開你的生命謎團，開拓出你自己向前行的「命運路徑」。此時將光明乍現，所有人可以唱著歌、踏著輕盈舞步，走在「回家」的路徑上。祝福所有人！祝福一切萬物！

感謝太師的厚愛，要我寫一份文章和大家分享，我出生在高雄大寮一個純樸小村莊，爸爸是鐵路局工人，媽媽是家庭主婦，生了8個小孩，我排行老五，從小被爸爸寵愛，小時候体弱多病，好幾次都快要回去，記得快要死的當下，我都有無形若人救活，給拜神明，拿一些無形導引我的心靈，路又回來了，當下我問祂，釋迦佛祖和我說，我逃不過祂的手掌心，一路走來經過八次的靈界交錯看到很多無形東西，有的很兇惡，有的很有善，天界陰間的都看到，有時讓我嚇破膽，慢慢有了家庭，有了小孩，因小孩身体不好，不知如何是好，之好求助神明，但娘道祖，小孩身体才慢慢有起

色、神明要我做事、俗稱神明代言人及收驚、我在
各大廟宇幫人收驚自己包括台北有名的松山慈惠堂、
我也在那服務好幾年、我很納悶、為何我做了那
麼多的無形工作、跳義工、不收紅包、不求回報、
但到目前為止、生活沒有比較好過、反倒生活更加
辛苦、不知問題出在那、心裡問、沒答案、剛好
在上班的地方、遇到我一生中的貴人師父、慶道人
他和我聊天的時候、慶道人和我說、我拜神有得什
麼嗎、我想了二下、沒有、生活有好過嗎、沒有、
每天都擔心這兒、擔心那兒、那就錯、慶道人提到
但仙佛都住在遠處的星球、我當下感到好奇、奇人
見、接觸一段時間、才慢慢了解、本來給我們的

愛與美，是那麼簡單，在生活中和家庭中所做的一切都是愛和美組合，享受真實，修行在上班中也可行，到處是道場，有一顆真實的心，那條存路上，生活上都可做到愛和美，感恩本源，感謝處處進入，世間就是天堂。

讀了老師的文章，讓我感受到有一股強大的力量，我的恐懼和憂慮逐漸的退掉，代替的是喜悅和感恩，我踴躍參予了靈修數十年，從未有像現在的清明，我感恩

林鷄絹

2017.4.8

「春松靈性開悟進取營」

（招生指導簡介）

目的：指導、傳遞有關靈性成長，覺醒開悟進程議題和「本源」宇宙哲理。

參加：凡對靈性成長相關議題，有著進取信念者；不分任何宗教、道派、性別年齡、國籍。而且不涉及、不發表、不討論任何有關政治議題者。

導師：江慶淇《靈性開悟進程奧義手札》作者。

方式：每月聚會研習指導1～2次，每次3～6小時。

費用：完全免費（交通餐宿書籍講義自理）

報名：請務必以下列方式完成報名：

1. 用手機發「簡訊」方式到：（0900277998）
2. 寫明報名「進取」營、真實姓名、性別年齡、國籍、宗教別、所在城市、聯繫手機（保證個資安全）
3. 不接受電話咨詢。

時間、地點：待定通知

創設人：江慶淇

國家圖書館出版品預行編目資料

靈性開悟進程奧義手札 / 江慶淇作. -- 初版. -- 臺北市
: 商訊文化, 2017.07
面;　　公分

ISBN　978-986-5812-64-5（平裝）

1. 靈修　2.文集

192.107　　　　106010651

商訊文化
成功系列 | YS01810

靈性開悟進程奧義手札

作　　者／江慶淇
出版總監／張慧玲
編製統籌／吳錦珠
文字主編／吳錦珠
封面設計／林水旺
內頁設計／王麗鈴
校　　對／江慶淇、吳錦珠、翁雅蓁
攝　　影／江慶淇、顧益民、蔣世承、宋慧慈、吳哲賢、林素君、
梁麗美、蔡幸彰、陳晃豐、邱平洋、許評榮

出 版 者／商訊文化事業股份有限公司
董 事 長／李玉生
總 經 理／李振華
行銷副理／羅正業
地　　址／台北市萬華區艋舺大道 303 號 5 樓
發行專線／ 02-2308-7111#5607
傳　　真／ 02-2308-4608

印　　刷／宗祐印刷有限公司

出版日期／ 2017 年 7 月　初版一刷
定價：250 元